GERONIMO

Ein indianischer Krieger erzählt sein Leben

Herausgegeben von
S. M. BARRETT

Übersetzt von Heinz Ullmann und Rainer Wiedemann

TRIKONT

1. Auflage, München 1979

Übersetzung von Heinz Ullmann und Rainer Wiedemann
Umschlaggestaltung: Michael Keller, München
Umschlagdruck, Druck des Phototeils und buchbinderische Arbeiten: Fa. Boss-Druck, Kleve
Innendruck: Fa. Gegendruck, Langenzenn

INHALT

Teil III
DIE WEISSEN

Teil IV
DAS ALTE UND DAS NEUE

WIDMUNG

Weil er mir die Erlaubnis gab, meine Geschichte zu erzählen; weil er diese Geschichte las und weiß, daß ich versuchte, die Wahrheit zu sagen; weil ich an seinen guten Willen glaube und daran, daß er erreicht, daß mein Volk in Zukunft Gerechtigkeit erfahren wird; und weil er Häuptling eines großen Volkes ist, widme ich diese Geschichte meines Lebens Theodore Roosevelt, Präsident der Vereinigten Staaten.

GERONIMO

VORWORT

Die ursprüngliche Idee für die Zusammenstellung dieses Werks war es, der Öffentlichkeit einen authentischen Bericht über das Leben der Apachenindianer zu geben und Geronimo als Kriegsgefangenem die Möglichkeit zu geben, die jedem Gefangenen gewährt wird, nämlich das Recht auf Darstellung der Gründe, die ihn zwangen, sich gegen unsere Zivilisation und Gesetze zu stellen.

Falls die Sache der Indianer richtig dargestellt, die Verteidigung der Gefangenen klar vermittelt, und das Allgemeinwissen über aussterbende Gruppen vermehrt worden ist, kann ich zufrieden sein.

Für wertvolle Anstrengungen möchte ich danken: Major Charles Taylor, Fort Sill, Oklahoma, Dr. J.M. Greenwood, Kansas City, Missouri und Präsident David R. Boyd von der University von Oklahoma.

Besonders hervorheben möchte ich in diesem Zusammenhang, daß ohne den freundlichen Rat und die Hilfe Präsident Theodore Roosevelts dieses Buch nicht hätte geschrieben werden können.

Hochachtungsvoll
S.M. BARRETT

VORWORT

Wer war Geronimo? Springen U.S.-Fallschirmspringer aus dem Flugzeug in die Tiefe, schreien sie dabei "Geronimo!". Das Bild von Go-khlä-yeh (derjenige, der gähnt), den die Mexikaner der Einfachheit halber zu Geronimo machten, als dem blutrünstigen Krieger, spukt noch so lebendig in den Köpfen der Weißen herum, daß ihnen sein Name als Kampfschrei Mut macht.

"... als alle gezählt waren, stand fest, daß sich meine betagte Mutter, meine junge Frau und meine drei kleinen Kinder unter den Ermordeten befanden. Da es im Lager keine Lichter gab, konnte ich mich unbemerkt entfernen und zum Fluß gehen. Wie lang ich dort gestanden habe, weiß ich nicht..."

"... Ich stand da bis alle weggegangen waren, ohne genau zu wissen, was ich tun sollte. Ich hatte keine Waffe, wollte auch gar nicht kämpfen... Ich betete auch nicht, konnte mich zu überhaupt nichts bestimmtem entschließen, denn es war kein Sinn mehr für mich da. Schließlich folgte ich still dem Stamm in Hörweite..."

Das sagt dieser Geronimo über die Ermordung seiner Familie durch mexikanische Truppen beim Massaker von Kas-ki-yeh. Aus den darauffolgenden Vergeltungsschlägen der Apachen entwickelte sich schließlich ein 30-jähriger Widerstand sowohl gegen die mexikanischen wie auch die amerikanischen Eindringlinge, in dessen Verlauf Geronimo zum Kriegshäuptling und zur Schlüsselfigur des Apachenguerrillakampfes aufstieg. Verrat und ständige Vertragsbrüche zwangen Geronimo und sein Volk sich unaufhörlich zur Wehr zu setzen. Die Grausamkeiten auf beiden Seiten eskalierten, und hier zeigt sich die Seite Geronimos, die das Bild vom blutrünstigen Krieger geprägt hat, der wie er selbst sagt, soviele Mexikaner getötet hat, daß er sie nicht zählte, weil sie es gar nicht wert waren gezählt zu werden. Er muß ein sagenhafter Kämpfer gewesen sein, der unglaubliche Heldentaten vollbrachte und den der magische Ruf der Unbesiegbarkeit umgeben haben muß. Nur so erklärt sich, daß er über einen derart langen Zeitraum unumstrittener Führer seines Volkes war. Sein Rachedurst und lebenslanger Haß auf die Mexikaner, die seine Familie ausgelöscht hatten, gingen Hand in Hand mit der kriegerischen Art der Apachen, die schon ihren Kindern die Kunst des Überfalls und die Tugend des Kampfes lehrten. Wie viele Stämme zuvor, mußten schließlich auch Geronimo und die Apachen vor der Übermacht der Weißen kapitulieren.

Als Kriegsgefangener, fern des Landes ihrer Väter, wurden Geronimo und die Apachen in ein Reservat gezwungen und damit buchstäblich entwurzelt. Wiederum brachen die Weißen sämtliche Versprechungen und behinderten alle Versuche der Indianer einen neuen Anfang zu machen, oder machten sie ganz einfach zunichte.

Als Kriegsgefangener, der er auch bis zu seinem Tod bleiben sollte, bietet seine Persönlichkeit ein verwirrendes Bild. Der urwüchsige, legendäre, letzte Häuptling der Apachen, aus der ganz anderen, naturbezogenen Welt der Indianer, stellt eine Kuriosität auf der Weltausstellung in St. Louis dar, posiert für Geld vor Fotografen und entwickelt überhaupt einen guten Geschäftssinn, dem wir auch diese Autobiographie verdanken. Er wird Mitglied der Dutch Reformed Church, aus der er allerdings wegen Glücksspiels wieder ausgestoßen wird. Über die Kultur der Weißen macht er Bemerkungen, die sowohl bewundernd als auch boshaft aufgefaßt werden können. Er versucht durch seine Geschäfte unabhängig von den Weißen zu bleiben. Er steht zu seinem Wort. Bei den Weißen, die ihn Zeit seines Lebens betrogen haben, heißt das Ehrenmann. Er erscheint ungebrochen, trotz der Herausgerissenheit aus seiner Welt und der Sehnsucht, in diese zurückzukehren, dort seine letzten Tage zu verbringen und in den Bergen des Landes seiner Väter begraben zu werden. In der Nacht des 17. Februars 1909 fällt er in betrunkenem Zustand aus seinem Einspänner, nachdem er den Erlös verkaufter Waren in Alkohol umgesetzt hatte und bleibt im Schneegraben liegen. Am nächsten Tag wird er entdeckt, ins Reservatskrankenhaus gebracht, wo er 80-jährig verstirbt.

Heinz Ullmann
Rainer Wiedemann

Einführung

Ich traf Geronimo zum ersten Mal im Sommer des Jahres 1904, als ich ihm beim Verkauf eines Kriegskopfschmucks als Übersetzer vom Englischen ins Spanische diente. Danach hatte er immer ein freundliches Wort für mich übrig, wenn wir uns trafen, ließ sich aber nie auf ein längeres Gespräch mit mir ein, bis er erfuhr, daß ich einmal von einem Mexikaner verwundet worden war. Nachdem ihm davon erzählt worden war, suchte er mich auf und brachte freimütig seine Meinung über den Durchschnittsmexikaner und seine Abneigung gegen Mexikaner im allgemeinen zum Ausdruck.

Ich lud ihn ein, mich wieder zu besuchen, was er auch tat, und auf seine Einladung hin besuchte ich ihn in seinem Tepee auf dem Fort Sill Military Reservat.

Im Sommer des Jahres 1905 stattete mir Dr. J.M. Greenwood, Superintendant der Schulen von Kansas City, Missouri, einen Besuch ab, und ich nahm ihn mit zum Häuptling. Geronimo war sehr förmlich und zurückhaltend bis Dr. Greenwood sagte: "Ich bin ein Freund von General Howard, den ich von ihnen habe sprechen hören." - "Kommen Sie," sagte Geronimo und ging uns zu einem schattigen Platz voraus, ließ Sitzgelegenheiten für uns bringen, setzte seinen Kriegskopfschmuck auf und servierte Wassermelonen a l'Apache (in große Bissen geschnitten), während er die ganze Zeit über offenherzig und vergnügt erzählte. Als wir uns verabschiedeten, lud er uns nachdrücklich dazu ein, ihn wieder zu besuchen.

Nach ein paar Tagen kam der alte Häuptling bei mir vorbei und fragte nach "meinem Vater". Ich sagte: "Sie meinen den alten Gentleman aus Kansas City - er ist nach Hause zurückgekehrt." " Ist er Dein Vater?" fragte Geronimo. "Nein," antwortete ich, "mein Vater starb vor 25 Jahren; Dr. Greenwood ist nur mein Freund." Nach einem Augenblick des Schweigens, fuhr der alte Indianer fort, dieses Mal in einem Tonfall, der überzeugend klingen sollte oder zumindest keine weitere Diskussion zuließ. "Dein natürlicher Vater ist tot; dieser Mann ist von Jugend an

Dein Freund und Ratgeber gewesen. Durch Adoption *ist er dein Vater.* Sag ihm, daß er jeder Zeit in meinem Heim willkommen ist.“ Weitere Erklärungen waren sinnlos, da sich der alte Mann entschlossen hatte, meine Beziehung zu Dr. Greenwood nicht anders als in Übereinstimmung mit indianischen Bräuchen zu verstehen, und ich ließ das Thema fallen.

Gegen Ende jenes Sommers fragte ich den alten Häuptling, ob er mir erlauben würde, einige seiner Erzählungen zu veröffentlichen, aber er wandte ein, daß er mir nur dann die ganze Geschichte seines Lebens erzähle, wenn ich ihn dafür bezahlte und wenn die verantwortlichen Offiziere nichts dagegen hätten. Ich rief sofort Fort Sill an und bat den verantwortlichen Offizier, Leutnant Purington, um die Erlaubnis, über das Leben von Geronimo zu schreiben. Umgehend erhielt ich die Antwort, daß diese Vergünstigung nicht gewährt werden würde. Leutnant Purington erläuterte mir die vielen Raubzüge, die von Geronimo und seinen Kriegern verübt wurden und die enormen Ausgaben, derer es bedurfte, um die Apachen zu besiegen; er fügte hinzu, daß der alte Apache es eher verdient hätte gehängt zu werden, als durch so viel Aufmerksamkeit von Seiten der Zivilisten verwöhnt zu werden. Eine Anspielung von mir, daß die Regierung viele Soldaten und Offiziere bezahlt hatten, um nach Arizona zu gehen und dort Geronimo und die Apachen zu töten, und daß sie anscheinend nicht wußten, wie das anzustellen sei, schmeichelte dem Stolz eines gewöhnlichen Armeeoffiziers nicht gerade und ich beschloß, die Erlaubnis von woanders einzuholen. Folglich schrieb ich an Präsident Roosevelt, daß hier ein alter Indianer lebt, der schon 20 Jahre lang als Kriegsgefangener inhaftiert ist und niemals die Möglichkeit erhalten habe, seine Version der Geschichte zu erzählen und bat daher darum, daß Geronimo die Erlaubnis gewährt würde, seine Lebensgeschichte auf seine Art zum Zwecke einer Veröffentlichung zu erzählen, und daß ihm zugesichert würde, daß die Veröffentlichung seiner Geschichte sich nicht nachteilig auf die in Kriegsgefangenschaft befindlichen Apachen auswirken würde. Als Antwort erhielt ich das Versprechen, daß die Genehmigung erteilt worden war. In wenigen Tagen bekam ich die Zusage von Fort Sill, daß der Präsident dem verantwortlichen Offizier befohlen hatte, die Erlaubnis wie gewünscht zu gewähren. Um eine Unterredung wurde ersucht, bei der ich die Anweisungen des

Kriegsministeriums erhalten würde. Als ich nach Fort Sill kam, überreichte mir der kommandierende Offizier ein Schreiben, das die Auflagen für mich festlegte.

Anfang Oktober sicherte ich mir die Dienste eines gebildeten Indianers - Asa Daklugie, Sohn des Whoa, Häuptling der Nedni Apachen - als Dolmetscher, und die Zusammenstellung des Buches begann.

Geronimo weigerte sich zu reden, wenn ein Stenograph anwesend war, oder auf Verbesserungen und Fragen zu warten, während er seine Geschichte erzählte. Er wußte jeden Tag genau, was er erzählen würde und teilte es auf eine sehr klare, bündige Weise mit. Er zog es vor in seinem eigenen Tepee zu sprechen, oder in Asa Daklugie's Haus, in irgendeinem Gebirgstal oder während er im fliegenden Galopp über die Prärie ritt; wannimmer ihn seine Phantasie leitete, erzählte er, wasimmer er wollte und nicht mehr. An dem Tag, als er uns zum ersten Mal einen Teil seiner Lebensgeschichte vermittelte, wollte er nicht nach irgendwelchen Einzelheiten befragt werden, noch wollte er etwas hinzufügen, sondern sagte einfach: "Schreibt, was ich gesprochen habe", und ließ uns mit der Aufgabe allein, die Geschichte ohne jegliche weiter Hilfe zu rekonstruieren und niederzuschreiben. Er war jedoch einverstanden, an einem anderen Tag in mein Büro oder an irgendeinen von mir bestimmten Ort zu kommen und das Protokoll (in Apache) dessen, was gesprochen worden war, anzuhören. Bei diesen Gelegenheiten pflegte er alle Fragen zu beantworten oder zusätzliche Informationen zu geben, wenn er davon überzeugt werden konnte, daß das nötig war.

Bald wurde er die Arbeit am Buch so leid, daß er der Verpflichtung nicht mehr nachgekommen wäre, hätte er nicht sein Wort gegeben, die ganze Geschichte zu erzählen. Wenn er einmal sein Wort gegeben hatte, konnte ihn nichts mehr davon abhalten, sein Versprechen auch einzulösen. Ein sehr beeindruckendes Beispiel dafür bot er Anfang Januar des Jahres 1906. Wir hatten vereinbart, daß er zu einem bestimmten Zeitpunkt in mein Büro kommt, aber zu der besagten Stunde kam der Dolmetscher allein und sagte, Geronimo hätte eine starke Erkältung und Fieber. Er sei gekommen, um mir mitzuteilen, daß wir einen anderen Termin festsetzen müßten, da er befürchtete, der alte Krieger hätte Lungenentzündung. Es war ein kalter Tag und der Dolmetscher zog sich einen Stuhl zum Kamin, um sich nach der Strapaze des langen Ritts aufzuwärmen. Gerade als er sich hinsetzen wollte, schaute er aus dem Fenster, erhob sich schnell wieder und deutete wortlos auf ein sich schnell auf uns zubewegendes Ding. Im nächsten Moment erkannte ich den alten Häuptling, der wild heranritt (offensichtlich versuchte er genauso schnell anzukommen wie der Dolmetscher). Sein Pferd war bedeckt mit Schaumflocken und keuchte vor Erschöpfung. Er stieg vom Pferd ab, kam herein und flüsterte heiser: "Ich versprach zu kommen. Hier bin ich."

Ich erklärte ihm, daß ich ihn an einem solch stürmischen Tag nicht erwartet hatte, und daß er in seiner körperlichen Verfassung nicht arbeiten dürfe. Er stand einige Zeit da und verließ dann den Raum ohne ein Wort zu sagen, stieg wieder auf sein müdes Pony und sah mit eingezogenem Kopf zehn langen Meilen mit kaltem Nordwind entgegen – er hatte sein Versprechen gehalten.

Als er seine Geschichte beendet hatte, unterbreitete ich das Manuskript Major Charles W. Taylor, achtzehnte Kavallerie, Kommandant von Fort Sill, Oklahoma, der mir einige wertvolle Anregungen für zusätzliche Informationen gab, um die ich Geronimo auch bat. In den meisten Fällen lieferte der alte Häuptling die gewünschte Information, aber manchmal verweigerte er sie, was er auch begründete.

Als die zusätzlichen Informationen aufgenommen waren, legte ich das Manuskript Präsident Roosevelt vor, aus dessen Antwortbrief ich zitiere:"Das ist ein sehr interessanter Band, den Sie da als Manuskript haben. Ich würde Ihnen jedoch raten, daß Sie in all jenen Fällen, in denen der gute Ruf eines Einzelnen angegriffen wird, keine Verantwortung übernehmen."

Auf diesen Vorschlag hin habe ich das ganze Buch hindurch Vermerke angebracht, in denen ich die Verantwortung für Angriffe auf jegliche Personen von Seiten Geronimos ablehne.

Am 2. Juni 1906 übersandte ich das vollständige Manuskript an das Kriegsministerium. Das folgende Zitat stammt aus dem beiliegenden Brief:

"In Bezugnahme auf den Zusatz Nr. 8 des Briefes, der mir von dem kommandierenden Offizier von Fort Sills übergeben wurde, und dessen Ergänzungen die Anleitungen des Ministeriums enthielten, überreiche ich hiermit das Manuskript der Autobiographie von Geronimo.

Das Manuskript wurde dem Präsidenten vorgelegt und auf seinen Vorschlag hin habe ich die Verantwortung für Kritik (von Geronimo) an Personen, die darin genannt werden, abgelehnt."

Sechs Wochen, nachdem ich das Manuskript abgesandt hatte, schrieb Thomas C. Barry, Brigade-General, stellvertretender Generalstabschef, folgendes an den Präsidenten.

Memorandum an das Kriegsministerium.

"Betreff: Manuskript der Autobiographie von Geronimo. Das Schriftstück wird hiermit zurückgegeben. Es wurde an unser Büro am 6. Juli überwiesen mit den Hinweisen, daß berichtet werden soll, ob irgendetwas darin zu beanstanden sei.

Das Manuskript ist eine interessante Autobiographie eines bemerkenswerten Indianers, von ihm selbst erzählt. Mehrere Textstellen sind, der Ansicht des Ministeriums nach, entschieden zu beanstanden. Diese befinden sich auf den Seiten 73, 74, 90, 91 und 97 und sind durch rote Randlinien hervorgehoben. Das ganze Manuskript scheint auf seine Art wichtig zu sein, da es die indianische Seite einer anhaltenden Auseinandersetzung zeigt, aber wir glauben, daß das Dokument weder als Ganzes noch teilweise die Billigung des Kriegsministeriums nicht erhalten sollte."

Das Memorandum wurde veröffentlicht, damit die Einwände des Kriegsministeriums auch der Öffentlichkeit bekannt werden.

Der Einwand wurde wegen der Erwähnung auf Seite 122 des Buches erhoben, eines Angriffs durch U.S.Soldaten auf Indianer in einem Zelt am Apache Pass oder Fort Bowie. Geronimos Aussage wird jedoch im wesentlichen von L.C. Hughes, Herausgeber des Star, Tucson, Arizona, bestätigt.

Auf den Seiten 135/136 und 139 des Buches kritisierte Geronimo General Crook. Diese Kritik ist ganz einfach Geronimos private Meinung über General Crook. Wir halten es für eine persönliche Angelegenheit und belassen es ohne Kommentar, da es die Geschichte der Apachen auf keine Weise betrifft.

Auf Seite 143 wirft Geronimo General Miles Böswilligkeit vor. Natürlich machte General Miles den Vertrag mit den Apachen, aber wir wissen sehr gut, daß er nicht dafür verantwortlich ist, wie die Regierung die Kriegsgefangenen später behandelt hat. Geronimo kann das jedoch nicht verstehen und gibt die Schuld dafür, was er ungerechte Behandlung nennt, General Miles.

Man konnte vom Kriegsministerium nicht erwarten, daß es Kritik an eigenen Handlungen billigte, aber es ist besonders erfreulich, daß dieser Kritik gegenüber solch ein liberaler Standpunkt eingenommen wurde und daß in dem Memorandum so offen auf die Verdienste der Autobiographie hingewiesen wird. Natürlich ist weder der Präsident noch das Kriegsministerium auf irgendeine Weise für das verantwortlich, was Geronimo sagt. Ihm wurde einfach die Möglichkeit geboten, seinen Fall so darzustellen, wie er ihn sieht.

Die Tatsache, daß Geronimo die Geschichte auf seine Art erzählte, ist zweifellos der einzige Entschuldigungsgrund, den man für die vielen unkonventionellen Züge dieses Werkes vorbringen kann.

TEIL 1

DIE APACHEN

1

DIE HERKUNFT DER APACHEN

Am Anfang war die Welt von Dunkelheit umgeben. Es gab keine Sonne und keinen Tag. Die immerwährende Nacht kannte keinen Mond oder Sterne.

Es gab jedoch alle möglichen Arten von Tieren und Vögeln. Unter diesen Tieren gab es viele schreckliche, namenlose Ungeheuer, wie Drachen, Löwen, Tiger, Wölfe, Füchse, Biber, Kaninchen, Eichhörnchen, Ratten, Mäuse und alle möglichen Arten von Kriechtieren, wie Eidechsen und Schlangen. Die Menschheit konnte unter solchen Bedingungen nicht gedeihen, da die Tiere und Schlangen alle menschlichen Nachkommen vernichteten.

Allen Geschöpfen war die Macht der Sprache und die Vernunft mitgegeben.

Es gab zwei Stämme von Geschöpfen: die Vögel oder der gefiederte Stamm und die Tiere. Die ersteren waren unter ihrem Häuptling, dem Adler, vereint.

Diese Stämme hielten oft Rat ab und die Vögel wollten, daß Licht geschaffen würde. Die Tiere weigerten sich beharrlich, dies zu tun. Schließlich führten die Vögel Krieg gegen die Tiere.

Die Tiere waren mit Keulen bewaffnet, der Adler aber hatte seinen Stamm gelehrt, Pfeil und Bogen zu gebrauchen. Die Schlangen waren so weise, daß sie nicht alle getötet werden konnten. Eine suchte in einem steilen Felsen eines Berges in Arizona Zuflucht und ihre Augen (verwandelt in einen funkelnden Stein) kann man bis zum heutigen Tage in diesem Felsen sehen. Von den Bären verwandelte sich jeder, wenn er getötet wurde, in mehrere andere Bären, so daß es umso mehr Bären gab, je mehr der gefiederte Stamm tötete. Der Drachen konnte ebenfalls nicht getötet werden, denn er war mit vier hornigen Schuppenschichten bedeckt, die kein Pfeil durchbohren konnte. Eines der schrecklichsten, gemeinsten Ungeheuer unter den Namenlosen, war gegen Pfeile gefeit, so daß sich der Adler mit einem runden, weißen Stein hoch in die Lüfte erhob, ihn auf den Kopf des Ungeheuers fallen ließ und es damit augenblicklich tötete. Das war so eine gute Tat, daß man den Stein heilig nannte.* Sie kämpften viele Tage, aber am Ende trugen die Vögel den Sieg davon.

Nach Ende dieses Krieges, bei dem zwar einige böse Tiere übrigblieben, konnten die Vögel den Rat beherrschen und das Licht wurde zugelassen. Daraufhin konnte die Menschheit leben und gedeihen. Der Adler war der Häuptling in diesem guten Kampf gewesen: seine Federn wurden deshalb vom Menschen als Sinnbild der Weisheit, Gerechtigkeit und Macht getragen.

Unter den wenigen menschlichen Wesen, die noch am Leben geblieben waren, befand sich eine mit vielen Kindern gesegnete Frau, welche aber immer von den Tieren getötet worden waren. Wenn es ihr irgendwie gelungen war, der Aufmerksamkeit der anderen Tiere zu entgehen, dann kam der Drache, der sehr gescheit und böse war, selbst und fraß ihre Kinder.

Nach vielen Jahren gebar sie vom Regensturm einen Sohn und sie grub für ihn eine tiefe Höhle. Den Eingang zu dieser Höhle verschloß sie und über der Stelle errichtete sie ein Lagerfeuer, welches das Versteck des Babys verbarg und es warm hielt. Jeden Tag löschte sie das Feuer, stieg in die Höhle hinab, wo das Bett des Kindes war und stillte es; anschließend ging sie zurück und baute das Lagerfeuer wieder auf.

Der Drache besuchte sie häufig und fragte sie aus. Sie aber pflegte zu antworten: "Ich habe keine Kinder mehr, du hast alle aufgefressen."

* Ein Symbol dieses Steins wird in dem Stammesspiel "Kah" benützt. Siehe Kapitel 4.

Als der Junge größer geworden war, wollte er nicht immer in der Höhle bleiben, sondern ab und zu herumrennen und spielen. Eines Tages entdeckte der Drachen seine Fußabdrücke. Das verwirrte nun den alten Drachen und machte ihn wütend, da er das Versteck des Jungen nicht finden konnte; aber er drohte, die Mutter zu töten, falls sie das Versteck des Kindes nicht verriete. Die arme Mutter war sehr besorgt. Sie konnte das Kind nicht preisgeben, aber sie kannte auch die Macht und die Verschlagenheit des Drachens, weswegen sie in ständiger Angst lebte.

Bald darauf äußerte der Junge den Wunsch auf die Jagd zu gehen. Die Mutter war dagegen. Sie erzählte ihm von dem Drachen, den Wölfen und den Schlangen; aber er sagte: "Morgen gehe ich!"

Auf den Wunsch des Jungen hin machte ihm sein Onkel (der der einzige Mann war, der damals noch lebte) einen kleinen Bogen und einige Pfeile und am nächsten Tag gingen die beiden auf die Jagd. Sie verfolgten die Fährte des Rotwildes bis weit hinauf in die Berge. Schließlich tötete der Junge einen Rehbock. Sein Onkel zeigte ihm, wie man das Wild häutete und das Fleisch briet. Sie brieten zwei Hinterkeulen, eine für den Jungen und eine für seinen Onkel. Als das Fleisch gar war, legten sie es zum Auskühlen auf ein paar Büsche. Gerade da tauchte die riesige Gestalt des Drachens auf. Das Kind hatte keine Angst, aber sein Onkel war so starr vor Furcht, daß er weder etwas sagen noch sich bewegen konnte.

Der Drache nahm das Fleischstück des Jungen und ging damit ein wenig zur Seite. Er legte das Fleisch auf einen anderen Busch und setzte sich selbst daneben. Dann sagte er: "Dies ist das Kind, das ich gesucht habe. Junge, du bist nett und schön dick, deshalb werde ich dich auffressen, wenn ich dieses Wildbret verschlungen habe." Der Junge erwiderte: "Nein, du wirst mich nicht fressen und auch nicht das Fleisch." Mit diesen Worten ging er zu dem Drachen hinüber und nahm das Fleisch wieder mit zu seinem Platz. Der Drache sprach: "Mir gefällt dein Mut, aber du bist töricht, was glaubst du, könntest du dagegen tun?" – "Ich kann genug zu meinem Schutz tun, wie du herausfinden wirst", meinte der Junge. Der Drache nahm wiederum das Fleisch und der Junge holte es sich zurück. Alles in allem stahl der Drache vier Mal das Fleisch und als der Junge es sich zum vierten Mal zurückholte, sagte er: "Drache, willst du gegen mich kämpfen?" – "Einverstanden", erwiderte der Drache, "auf welche Weise du auch immer kämpfen willst." – Der Junge fuhr fort: "Ich werde mich in einer Entfernung von 100

Schritten von dir aufstellen und du darfst viermal mit deinem Pfeil und Bogen auf mich schießen, vorausgesetzt, daß du mit mir den Platz tauschst und auch mir dann vier Schüsse gewährst." – "Einverstanden", sagte der Drache, "steh auf!"

Der Drache nahm seinen Bogen, der aus einer großen Kiefer gemacht war. Er zog vier Pfeile aus seinem Köcher; sie waren aus jungen Kiefernschößlingen gefertigt und jeder hatte eine Länge von sieben Metern. Er zielte besonnen, aber gerade in dem Moment, als der Pfeil vom Bogen surrte, gab der Junge einen eigenartigen Ton von sich und sprang in die Luft. Augenblicklich zerbarst der Pfeil in tausend Splitter; den Jungen konnte man oben auf einem leuchtenden Regenbogen stehen sehen, gerade über der Stelle, auf die der Drache Ziel genommen hatte. Kurz darauf war der Regenbogen wieder verschwunden und der Junge stand wieder auf dem Erdboden. Viermal wiederholte sich dies, dann sagte der Junge: "Drache, stell dich hier her, jetzt darf ich schießen." – Der Drache entgegnete: "Deine kleinen Pfeile können nicht einmal meine erste Hornhaut durchdringen, und ich habe noch drei weitere davon. Schieß nur zu!" Der Junge schoß einen Pfeil ab und traf den Drachen genau über dem Herzen, worauf eine Haut mit den großen, hornigen Schuppen auf den Boden fiel. Beim nächsten Schuß fiel eine weitere Haut, und dann noch eine und das Herz des Drachens war bloßgelegt. Der Körper des Drachens erbebte, aber er konnte sich nicht rühren. Bevor er den vierten Schuß tat, sagte der Junge: "Onkel, du bist starr vor Angst, du hast dich nicht von der Stelle gerührt. Komm her, sonst wird der Drachen auf dich fallen!" Sein Onkel rannte zu ihm hin. Genau Ziel nehmend schoß der Junge den vierten Pfeil ab und dieser durchbohrte das Herz des Drachens. Mit ungeheurem Gebrüll rollte der Drachen den Berghang hinab – über vier Klippen hinweg in den Canyon weit unten.

Augenblicklich jagten Sturmwolken über die Berge, Blitze zuckten, Donner rollten und es goß in Strömen. Als der Regensturm vorbei war, konnten sie weit unten im Canyon die Überreste des riesigen Drachenkörpers zwischen den Felsen liegen sehen und die Knochen dieses Drachens könnten vielleicht heute noch dort gefunden werden.

Der Name dieses Jungen lautete Apache. Usen*, der große Geist,

* "Usen" bedeutet in der primitiven Religion der Apachen Gott. Apache bedeutet Feind.

lehrte ihn, wie er aus Kräutern Medizin gewinnen kann, wie man jagt und wie man kämpft. Er war der erste Häuptling der Indianer und trug die Adlerfedern als Zeichen für Gerechtigkeit, Weisheit und Kraft. Ihm und seinem Volk – sobald es erschaffen war – gab Usen ein zu Hause in dem Land des Westens.

2

DIE STAMMESGLIEDERUNG DER APACHEN

Die Apachen sind in sechs Unterstämme gegliedert. Einem davon, den Be-don-ko-he, gehöre ich an.

Unser Stamm bewohnte das bergige Gebiet, das sich südlich des Oberlaufs des Gila River bis zur östlichen Grenze Arizonas erstreckt.

Östlich von uns lebten die Chi-hen-ne- (O jo Caliente – Hot Springs) Apachen. Unser Stamm hatte nie Schwierigkeiten mit ihnen. Victoria, ihr Häuptling, war immer ein Freund von mir. Er half unserem Stamm immer, wenn wir ihn um Hilfe baten. Er verlor sein Leben im Kampf um die Rechte seines Volkes. Er war ein guter Mensch und ein tapferer Krieger. Sein Sohn Charlie lebt nun hier mit uns in diesem Reservat.

Nördlich von uns lebten die White Mountain Apaches. Sie standen nicht immer auf bestem Fuß mit uns, wir führten jedoch selten Krieg mit ihnen. Ich kannte ihren Häuptling Hash-ka-ai-la persönlich und betrachtete ihn als guten Krieger. Ihr Gebiet grenzte an das der Navajo, die nicht vom gleichen Blut wie die Apachen waren. Wir hielten Ratsversammlungen mit allen Apachenstämmen ab, aber niemals mit den Navajo-Indianern. Wir trieben jedoch Handel mit ihnen und besuchten sie manchmal.

Westlich unseres Landes lebten die Chi-e-a-hen Apachen. Während meiner Zeit hatten sie zwei Häuptlinge, Co-si-to und Co-da-hoo-yah. Sie waren freundlich, standen aber unserem Stamm nicht sehr nahe.

Südlich von uns lebten die Cho-kon-en (Chiricahua) Apachen, deren Häuptling in den alten Zeiten Cochise war und später sein Sohn, Naiche. Dieser Stamm stand immer 'auf bestem Fuß' mit uns. Oft lagerten wir zusammen und zogen gemeinsam umher. Naiche, der mein Waffenbruder war, ist nun mein Leidensgenosse in der Gefangenschaft.

Südlich und westlich von uns lebten die Ned-ni Apachen. Ihr Häuptling war Whoa, von den Mexikanern Capitan Whoa genannt. Sie waren unsere engen Freunde. Das Land dieses Stammes liegt teilweise in Old Mexiko und zum Teil in Arizona. Der Grenzverlauf zwischen Mexiko und den Vereinigten Staaten überschnitt sich natürlich mit den Grenzen der Apachenstämme und die Indianer erkannten bald ihren Vorteil in den internationalen Problemen, die sich aus den gegensätzlichen Interessen der zwei Regierungen ergaben und nahmen ihn wahr.

Whoa und ich lagerten oft zusammen und kämpften Seite an Seite wie Brüder. Meine Feinde waren seine Feinde, meine Freunde seine Freunde. Er ist nun tot, aber sein Sohn Asa dient bei dieser Geschichte als Dolmetscher.

Auch jetzt, da die vier Stämme (Bedonkohe, Chokonen, Chihenne und Nedni) immer kleiner werden, halten sie, die in Friedenszeiten enge Feunde waren, fest zusammen. Nur die Vernichtung aller unserer Leute könnten die Freundschaftsbande auflösen.

Wir verschwinden allmählich von der Erde, aber ich kann mir nicht vorstellen, daß wir nutzlos sind, sonst hätte uns Usen nicht erschaffen. Er schuf alle Stämme der Menschen und verfolgte bestimmt ein gerechtes Ziel mit der Erschaffung jedes einzelnen Stammes.

Jedem Menschenstamm, den Usen erschuf, gab er auch eine Heimat. In das Land, das er für jeden besonderen Stamm schuf, legte er alles hinein, was für das Wohl des Stammes am besten war.

Als Usen die Apachen erschuf, schuf er auch ihre Heimat im Westen. Er gab ihnen das Getreide, die Früchte und das Wild, das sie zum Essen brauchten. Um sie wieder gesund zu machen, wenn sie von Krankheiten befallen waren, ließ er vielerlei Kräuter wachsen. Er lehrte sie, wo man diese Kräuter findet und wie man aus ihnen Medizin bereitet. Er gab ihnen ein angenehmes Klima und alles, was sie zum Anziehen und Wohnen brauchten, war zu Hand.

So war es am Anfang: die Apachen und ihre Heimatgebiete, die von Usen füreinander geschaffen waren. Wenn man sie aus diesen Heimatgebieten vertreibt, werden sie krank und sterben. Wie lang wird es dauern, bis man sagen wird, es gibt keine Apachen mehr?*

* Die kriegsgefangenen Apachen sterben in großer Zahl. Es scheint keinen besonderen Grund dafür zu geben, aber trotzdem nimmt ihre Anzahl ständig ab.

3

KINDHEIT

Ich wurde im Juni 1829 im No-doyohn Canyon in Arizona geboren.

In diesem Land, das am Oberlauf des Gila River liegt, wurde ich aufgezogen. Dieses Gebiet war unser Vaterland: in diesen Bergen lagen unsere Wigwams versteckt; in den verstreuten Tälern lagen unsere Felder; die endlosen Prärien, die sich zu allen Seiten hin erstreckten, waren unsere Weiden; die Felsenhöhlen waren unsere Grabstätten.

Ich war das vierte von acht Kindern - vier Jungen und vier Mädchen.*Von allen sind nur mehr ich, mein Bruder Porico (White

* Geronimo war das vierte von acht Kindern (vier Jungen und vier Mädchen). Er hatte vier Frauen, die Vollblut-Bedonkohe-Apachen waren und vier, die zum Teil auch anderes Apachenblut in sich hatten. Vier seiner Kinder wurden von Mexikanern getötet und vier wurden von der U.S. Regierung in Knechtschaft gehalten. Er glaubt fest an das Schicksal und an die Magie der Zahl Vier. Neben Geronimo leben nur noch vier vollblütige Bedonkohe-Apachen. Diese sind Porico (White Horse), Nah-da-ste, Mah-ta-neal und To-klon-nen.

Horse) und meine Schwester Nah-da-ste am Leben. Wir sind Kriegsgefangene in diesem Militärreservat (Fort Sill).

Als Baby wälzte ich mich auf dem Erdboden im Tepee meines Vaters, hing im Tsoch (Tragetuch) auf dem Rücken meiner Mutter oder mit ihm an den Ast eines Baumes gebunden. Ich wurde gewärmt von der Sonne, gewiegt vom Wind und geschützt von den Bäumen wie andere Indianerkinder.

Als Kind lehrte mich meine Mutter die Legenden unseres Volks; lehrte mich die Sonne und den Himmel, den Mond und die Sterne, die Wolken und Stürme. Sie lehrte mich auch niederzuknien und Usen um Stärke, Gesundheit, Weisheit und Schutz zu bitten. Wir beteten nie, um Beistand gegen jemand anderen zu erhalten, sondern wenn wir gegen jemand etwas hatten, nahmen wir selbst Rache. Es war uns gelehrt worden, daß Usen sich nicht um die unbedeutenden Streitigkeiten von Menschen kümmert.

Mein Vater hatte mir oft von den mutigen Taten unserer Krieger, der Leidenschaft der Jagd und dem Ruhm des Kriegspfades, erzählt.

Mit meinen Brüdern und Schwestern spielte ich in der Umgebung des Heimes meines Vaters. Manchmal spielten wir unter den Felsen und Kiefern Verstecken; manchmal faulenzten wir im Schatten der Pappeln oder suchten Shudock (eine Wildkirschenart) während unsere Eltern auf dem Feld arbeiteten. Manchmal spielten wir Krieger. Wir übten dann oft mit einem Gegenstand, der einen Feind darstellte, das Stehlen und ahmten auf unsere kindliche Art die Heldentaten des Krieges nach. Manchmal versteckten wir uns vor unserer Mutter, um zu sehen, ob sie uns findet und schliefen oft im Versteck ein, so daß wir für viele Stunden verborgen waren.

Als wir alt genug waren um von wirklichem Nutzen zu sein, gingen wir mit unseren Eltern auf das Feld: nicht zum Spielen, sondern um schwer zu arbeiten. Wenn es Zeit war, die Saat auszusäen, hackten wir den Boden mit Holzharken auf. Wir pflanzten den Mais in geraden Reihen, zusammen mit den Bohnen, und die Melonen und Kürbisse unregelmäßig über das ganze Feld. Wir bauten diese Früchte je nach Bedarf an.

Unsere Felder bestanden für gewöhnlich aus zwei Morgen Land. Die Felder waren nie umzäunt. Für viele Familien war es üblich, Land im selben Tal zu bestellen und sich die Last zu teilen, die wachsende Saat vor der Zerstörung durch die Ponies des Stammes, durch Hirsche oder andere wilde Tiere, zu schützen.

Melonen ernteten wir je nach Bedarf; im Herbst die Kürbisse und Bohnen, die in Beutel oder Körbe gelegt wurden. Die Maiskolben wurden bei den Schalen zusammengebunden und die Ernte dann auf den Ponyrücken hinauf zu unseren Heimen gebracht. Hier wurde der Mais geschält und die ganze Ernte in Höhlen oder anderen abgeschlossenen Plätzen gelagert, um im Winter verbraucht zu werden.

Wir fütterten unsere Ponies nie mit Mais, aber wenn wir sie im Winter durchfütterten, gaben wir ihnen Viehfutter zum Fressen. Wir hatten kein Vieh oder andere Haustiere außer unseren Hunden und Ponies.

Tabak bauten wir nicht an, er wuchs aber wild. Diesen wilden Tabak schnitten und trockneten wir im Herbst. Ging er uns aus, dienten die Blätter an den übriggebliebenen Stengeln zu diesem Zweck. Alle Indianer rauchten, Männer wie Frauen.* Kein Junge durfte rauchen bis er allein gejagt und großes Wild erlegt hatte und zwar Wölfe oder Bären. Unverheirateten Frauen war es zwar nicht verboten zu rauchen, es galt aber als unanständig, wenn sie es taten. Nahezu alle Mütter rauchten.

Außer dem Zerkleinern des Maises mit einem Steinmörser und Stößel für das Brot, zerdrückten und weichten wir ihn manchmal ein und nachdem er gegärt hatte, machten wir aus diesem Saft "tis-win", das berauschend wirkte und bei den Indianern sehr hoch im Kurs stand. Diese Arbeiten wurden von Frauen und Kindern verrichtet. Wenn Beeren und Nüsse gesammelt werden sollten, gingen die kleinen Kinder und die Frauen in Gruppen weg, um welche zu suchen und blieben manchmal den ganzen Tag über fort. Wennimmer sie weiter vom Lager weggingen, nahmen sie Ponies mit, die ihre Körbe trugen.

Ich ging oft mit diesen Gruppen mit und während eines dieser Ausflüge verlor eine Frau, genannt Cho-ko-le den Anschluß und ritt mit ihrem Pony auf der Suche nach ihren Leuten durch ein Dickicht. Ihr kleiner Hund folgte ihr, während sie langsam durch dichtes Unterholz und Pinien ritt. Plötzlich stellte sich ihr ein Grizzlybär in den Weg und fiel das Pony an. Sie sprang ab und das

* Die Apachen rauchten die Friedenspfeife nur, wenn dies von anderen Indianern vorgeschlagen wurde. Sie besaßen keine langen Pfeifen. Für gewöhnlich rauchten sie Zigaretten, die sie aus Tabak und gerollten Eichenblättern fertigten.

Pony entkam, aber der Bär griff nun sie an und sie verteidigte sich so gut es ging mit ihrem Messer. Ihr kleiner Hund, der nach den Fersen des Bärs schnappte, lenkte den Bär damit von der Frau ab, und sie konnte sich eine Zeit lang aus seiner Reichweite halten. Schließlich versetzte ihr der Grizzly einen Prankenhieb auf den Kopf, der ihr fast die ganze Kopfhaut wegriß. Sie fiel zu Boden, blieb aber bei Bewußtsein. Während sie dalag, brachte sie vier gute Treffer mit ihrem Messer an und der Bär ließ von ihr ab. Nachdem der Bär verschwunden war, legte sie ihre Kopfhaut wieder zurecht und band sie so gut es ging, fest, dann wurde es ihr todübel und sie mußte sich hinlegen. In dieser Nacht kam ihr Pony mit seiner Last von Beeren und Nüssen, aber ohne Reiter, ins Lager. Die Indianer suchten die Frau, fanden sie aber erst am zweiten Tag. Sie brachten sie zurück und durch die Behandlung durch den Medizinmann wurden alle Wunden der Frau geheilt.

Die Indianer wußten, welche Kräuter als Medizin gebraucht werden konnten, wie man sie zubereitet und verabreicht. Das war ihnen zu Beginn von Usen gelehrt worden und jede nachfolgende Generation besaß Männer, die die Kunst des Heilens verstanden.

Beim Sammeln, Zubereiten und Anwenden der Heilkräuter wurde in das Gebet ebensoviel Vertrauen gesetzt wie in die eigentliche Wirkung der Medizin. Für gewöhnlich arbeiteten 8 Personen bei der Bereitung der Medizin zusammen, und es gab bestimmte Gebete und Beschwörungsworte, die jede Stufe des Vorgangs begleiteten. Vier waren für die Beschwörungen zuständig und vier für die Zubereitung der Kräuter.

Einige Indianer waren geschult im Herausschneiden von Kugeln, Pfeilspitzen und anderen Geschoßen, durch die Krieger verwundet worden waren. Ich selbst habe das oft mit einem gewöhnlichen Dolch oder Schlachtermesser gemacht.*

Kleine Kinder trugen im Winter nur sehr wenig Kleidung und überhaupt keine im Sommer. Die Frauen trugen normalerweise einen einfachen Rock, der aus einem Stück Baumwolltuch bestand, das um die Taille geschlungen war und bis zu den Knien reichte. Die Männer trugen Lendenschürze und Moccasins. Im Winter hatten sie zusätzlich Hemden und Gamaschen.

Wenn der Stamm sich im Lager aufhielt, dann stahlen sich viele

* Der einzige Beleg für die häufig gemachte Behauptung, Geronimo wäre ein Medizinmann.

Jungen und Mädchen durch Abmachungen weg, um sich an einem Ort mehrere Meilen entfernt zu treffen, wo sie den ganzen Tag ohne Pflichten spielen konnten. Sie wurden für diese Streiche nie bestraft, aber wenn ihre Verstecke entdeckt wurden, lachte man sie aus.

4

VERGNÜGUNGEN, VERHALTENSWEISEN UND BRÄUCHE DES STAMMES

Bei jedem besonderen Anlaß wurde ein Fest mit Tanz gegeben. Je nachdem wurden nur unsere eigenen Leute oder aber auch benachbarte Stämme eingeladen. Diese Festlichkeiten dauerten für gewöhnlich vier Tage. Tagsüber feierten wir und bei Nacht wurde unter der Leitung eines Häuptlings getanzt. Die Musik für unseren Tanz war der Gesang der Krieger, begleitet von der "Esadadedne", einem Reifen, der mit Leder bespannt war. Es wurden keine Worte nur Töne gesungen. Wenn das Feiern und das Tanzen vorbei waren, veranstalteten wir Pferderennen, Laufwettbewerbe, Ringen, Springen und auch alle möglichen Arten von Glücksspielen.

Unter diesen Spielen war das berühmteste das Stammesspiel "Kah". Es wird wie folgt gespielt: Vier Moccasins werden in einer Entfernung von 1 – 2 m in Bodenlöcher gestellt, welche in einer Reihe auf der einen Seite des Lagers gegraben wurden. Auf der gegenüberliegenden Seite gibt es eine ähnliche, parallele Reihe. Des Nachts wird zwischen diesen beiden Reihen von Moccasins ein Lagerfeuer entfacht und die Spieler stellen sich auf beiden Seiten auf. Das Spiel kann von je einem Teilnehmer oder von jeder beliebigen Anzahl gespielt werden. Der Spielstand wird durch eine Menge

Holzpflöcke ersichtlich, von denen jede Seite einen nehmen darf, wenn sie einen Punkt gewonnen hat. Zuerst nimmt die eine Seite den Knochen*, stellt Decken zwischen den vier Moccasins und dem Lagerfeuer auf, so daß die gegnerische Mannschaft ihre Bewegungen nicht beobachten kann und beginnt die Legenden von der Schöpfung zu singen. Die Seite, die im Besitz des Knochens ist, stellt den gefiederten Stamm dar, die andere Seite den der Tiere. Nur die Spieler, die die Vögel darstellen, singen und währenddessen verstecken sie den Knochen in einem der Moccasins. Dann werden die Decken herabgeworfen. Sie singen weiter, aber sobald die Dekken entfernt sind kommt ein mit einer Kriegskeule bewaffneter, ausgewählter Spieler der gegenerischen Mannschaft auf ihre Seite des Lagerfeuers und schlägt damit auf denjenigen Moccasin, in dem er den Knochen vermutet. Falls er den richtigen trifft, bekommt seine Seite den Knochen und sie ist jetzt an der Reihe, die Vögel darzustellen, während die andere Mannschaft ruhig sein und raten muß. Es gibt nur vier Spiele; drei die verlieren und eines das gewinnt. Wenn keine Stöcke mehr übrig sind, hat die Seite gewonnen, die am meisten Stöcke zählt.

Dieses Spiel wird sehr selten gespielt, außer man spielt um Geld und in dieser Form ist es das beliebteste Spiel unseres Stammes. Für gewöhnlich dauert das Spiel vier bis fünf Stunden. Es wird niemals bei Tag gespielt.

Nachdem alle Spiele beendet sind, sagen die Besucher "Wir sind zufrieden!" und das Lager wird abgebrochen. Ich war immer sehr glücklich, wenn die Tänze und Feste angekündigt wurden. So erging es auch allen anderen jungen Leuten.

Unser Leben hatte auch eine religiöse Seite. Wir kannten keine Kirchen, keine religiösen Organisationen, keinen Sabbat, keine Feiertage und doch verehrten wir. Es gab Zeiten, wo sich der ganze Stamm versammelte um zu singen und zu beten; manchmal waren es auch nur zwei oder drei Leute. Die Lieder bestanden nur aus wenigen Worten, waren aber nicht vorgeschrieben. Jeder Sänger pflegte solche Worte nur gelegentlich, je nach Belieben in den gewöhnlichen Tonklang einfließen zu lassen. Manchmal beteten wir in vollkommenem Schweigen, manchmal betete jeder laut, wiederum ein anderes Mal betete ein Älterer für uns alle. Zu anderen Zei-

* ein Symbol des weißen Felsens, der vom Adler benutzt wurde um das namenlose Ungeheuer zu töten. Vergl. Kapitel 1.

ten konnte jemand aufstehen und von unseren Pflichten uns gegenüber und gegenüber Usen erzählen. Unsere Gottesdienste waren kurz.

Wenn eine Krankheit oder eine Seuche umging, berieten unsere Häuptlinge eine Versammlung ein und fragten uns aus, um festzustellen, ob wir Böses getan hatten und wie Usen besänftigt werden könnte. Einige Male wurden Opfergaben für nötig gehalten. Manchmal wurde derjenige, der Usen beleidigt hatte, bestraft.

Wenn ein Apache es zugelassen hatte, daß seine betagten Eltern unter Hunger litten oder ihnen nicht genügend Schutz bot, wenn er Kranke vernachlässigt oder grausam behandelt hatte, wenn er über unsere Religion gelästert hatte oder ungläubig gewesen war, konnte es vorkommen, daß er aus dem Stamm verstoßen wurde.

Die Apachen kannten keine Gefängnisse, wie sie der weiße Mann hat. Anstatt Verbrecher in Gefängnisse zu stecken, schickten wir sie von unserem Stamm fort. Diese ungläubigen, grausamen, faulen oder feigen Stammesmitglieder wurden auf eine Weise aus dem Stamm ausgeschlossen, daß sie sich keinem anderen Stamm anschließen konnten. Sie standen auch nicht unter dem Schutz unserer ungeschriebenen Stammesgesetze. Häufig kam es vor, daß sich diese Geächteten zu einer Bande zusammenschlossen und Plünderungen gegen den übrigen Stamm unternahmen. Das Leben eines geächteten Indianers war jedoch ein schweres und ihre Banden wurden nie sehr groß; ferner forderten diese Gruppen häufig den Zorn des Stammes heraus und zerstörten sich dadurch selbst.

Die Apachen erkannten keine Pflichten gegenüber irgendjemand außerhalb ihres Stammes an. Es war keine Sünde, Feinde zu töten oder auszurauben. Wenn sie jedoch irgendeinen Gefallen eines Fremden annahmen oder ihm erlaubten, ihr Leben auf irgendeine Weise zu teilen, dann wurde er durch Adoption ein Verwandter des Stammes und sie mußten ihre Pflichten ihm gegenüber befolgen.

Als ich acht oder zehn Jahre alt war, ging ich mit auf die Jagd und für mich bedeutete dies niemals Arbeit.

Draußen auf den Prärien, die bis zu unseren Heimstätten in den Bergen führten, zogen Herden von Rotwild, Antilopen, Elchen und Büffeln, die geschlachtet wurden, wann immer wir sie brauchten.

Den Büffel jagten wir gewöhnlich zu Pferde und töteten sie mit Pfeilen und Speeren. Ihre Häute wurden zum Bau von Tepees und zum Herstellen von Bettzeug benutzt; ihr Fleisch wurde gegessen.

Rotwild zu jagen, verlangte mehr Fähigkeiten als für jedes andere Tier. Wenn wir uns an ein Rotwild heranpirschten, dann nur gegen den Wind. Sehr häufig verbrachten wir Stunden damit, uns an äsendes Rotwild anzuschleichen. Falls die Tiere auf offenen Ebenen waren, krochen wir über große Entfernungen auf dem Boden, wobei wir irgendein Unkraut oder einen Busch vor uns hielten, damit unser Näherrücken nicht bemerkt wurde. Oftmals konnten wir mehrere aus einer Herde töten, bevor die anderen entkommen konnten. Ihr Fleisch wurde getrocknet und in Gefäße verstaut. Auf diese Weise hielt es viele Monate. Das Fell des Rotwilds wurde in Wasser und Asche eingeweicht, Fleischreste und Haare wurden entfernt und der Gerbungsprozess fortgesetzt, bis die Lederhaut weich und geschmeidig war. Es mag sein, daß kein Tier so wertvoll für uns war wie das Rotwild.

In den Wäldern und entlang den Flüssen gab es viele wilde Truthähne. Wir trieben sie in die Ebenen hinaus und hetzten sie solange bis sie fast nicht mehr konnten. Wenn sie bereits umfielen oder sich versteckten, ritten wir auf sie zu und fingen sie, indem wir uns von einer Seite des Pferdes hinunterhängen ließen. Wenn einer zu fliegen begann, ritten wir geschickt unter ihn und töteten ihn mit einem kurzen Stock oder mit der Jagdkeule. Auf diese Weise konnten wir meist so viele wilde Truthähne erlegen wie wir auf unseren Pferden verstauen konnten.

In unserem Gebiet gab es auch viele Kaninchen und auch diese jagten wir zu Pferde. Unsere Pferde waren darin geübt, den Kaninchen im vollen Galopp zu folgen und wenn sie sich ihnen näherten, ließen wir uns von einer Seite des Pferdes herabhängen und holten zu einem Schlag mit unserer Jagdkeule aus. Falls es zu weit weg war, warfen wir den Stock nach ihm und töteten es. Dies war ein großartiger Sport als wir noch Jungen waren, als Krieger aber jagten wir selten Kleinwild.

Es gab viele Fische in den Flüssen, aber da wir sie nicht aßen, versuchten wir auch nicht sie zu fangen oder zu töten. Kleine Jungen warfen oft mit Steinen nach ihnen oder schossen der Übung halber auf sie mit Pfeil und Bogen. Usen hat Schlangen, Frösche oder Fische nicht zum Essen bestimmt. Ich habe nie von ihnen gegessen.

In den Bergen gab es viele Adler und wir jagten sie wegen ihrer Federn. Es verlangte große Geschicklichkeit, sich an einen Adler heranzustehlen, weil er zum einen scharfe Augen hat, zum andern weise ist und sich nirgendwo nierderläßt, wo er nicht eine gute

Sicht über das ihn umgebende Land hat.

Ich habe mit dem Speer viele Bären getötet, wurde aber selbst nie in einem Kampf mit einem von ihnen verletzt. Mehrere Pumas habe ich mit Pfeilen erlegt, einen mit dem Speer. Beide, Bären und Pumas, haben gutes Fleisch und besitzen wertvolle Felle. Wenn wir sie töteten, luden wir sie auf unsere Pferde und brachten sie so nach Hause. Aus dem Fell des Pumas stellten wir oftmals Köcher für unsere Pfeile her. Diese waren nämlich sehr schön und haltbar.

Während meiner Zeit als Minderjähriger, hatten wir nie einen Missionar oder Priester zu Gesicht bekommen. Wir hatten keinen weißen Menschen gesehen. So friedlich lebten die Be-don-ko-he-Apachen.

5

DIE FAMILIE

Mein Großvater, Maco, war unser Häuptling. Ich habe ihn nie gesehen, aber mein Vater erzählte mir oft von der Größe, der Kraft und dem Scharfsinn dieses alten Kriegers. Kriege waren hauptsächlich gegen die Mexikaner geführt worden. Es hatte auch einige Kriege gegen andere Indianerstämme gegeben, aber mit den mexikanischen Städten gab es überhaupt keinen länger andauernden Frieden.

Maco starb als mein Vater noch ein junger Krieger war und Mangus-Colorado* wurde Häuptling der Bedonkohe Apachen. Mein Vater starb, als ich noch ein kleiner Junge war, nachdem er einige Zeit krank gewesen war. Als er gestorben war, schlossen ihm die Beiwohnenden sorgsam die Augen, zogen ihm seine besten Kleider an,

* Maco war Häuptling der Nedni Apachen. Sein Sohn (Geronimos Vater) hatte eine Bedonkohe Apachin (Geronimos Mutter) geheiratet und sich ihrem Stamm angeschlossen. Dadurch verlor er sein Erbrecht auf die Häuptlingswürde. Das hatte zur Folge, daß auch Geronimo nicht durch das Erbrecht Häuptling werden konnte, obwohl sein Großvater Häuptling gewesen war. Da Geronimos Vater dieses Recht verloren hatte, konnte Mangus-Colorado zur Häuptlingswürde gelangen.

bemalten sein Gesicht frisch, wickelten ihn in eine kostbare Decke, sattelten sein Lieblingspferd, trugen seine Waffen vor ihm her, führten sein Pferd dahinter, während sie in wehklagendem Ton seine Heldentaten wiederholten und seine Leiche zu einer Höhle in den Bergen trugen. Dann tötete man seine Pferde und wir verschenkten all seinen anderen Besitz, wie es in unserem Stamm der Brauch war, nachdem seine Leiche, mit seinen Waffen daneben, in der Höhle bestattet worden war*. Sein Grab ist hinter aufgehäuften Steinen versteckt. Eingehüllt in Pracht liegt er in Abgeschiedenheit und der Wind in den Kierferbäumen singt ein leises Requiem für den toten Krieger.

Nach dem Tod meines Vaters übernahm ich die Sorgepflicht für meine Mutter. Sie heiratete nicht wieder, obwohl sie das gemäß unserer Stammesbräuche sofort nach seinem Tod hätte tun können. Für gewöhnlich bleibt die Witwe, die Kinder hat, jedoch zwei oder drei Jahre lang nach dem Tod ihres Mannes unverheiratet; aber die kinderlose Witwe heiratet sofort wieder. Nach dem Tod eines Kriegers kehrt die Witwe zu ihrer Familie zurück und kann von ihrem Vater oder ihren Brüdern weggegeben oder verkauft werden. Meine Mutter entschied sich dafür mit mir zu leben, und sie hatte nie mehr den Wunsch wieder zu heiraten. Wir lebten in der Nähe unseres bisherigen Heims und ich versorgte sie.

1846, im Alter von 17 Jahren, wurde ich zum Rat der Krieger zugelassen. Das machte mich sehr glücklich, denn ich konnte gehen wohin ich auch immer wollte und tun was immer ich wollte. Ich stand unter keiner Aufsicht irgendeines Einzelnen, aber die Bräuche unseres Stammes verboten mir, am Ruhm des Kriegspfades teilzuhaben, bis ich dem Rat der Krieger angehörte. Danach konnte ich mit meinem Stamm auf Kriegspfad gehen, wenn sich die Gelegenheit bot. Das würde ruhmreich sein. Ich hoffte, meinem Volk bald in der Schlacht dienen zu können. Lange schon hatte ich mir gewünscht, mit unseren Kriegern zu kämpfen.

Vielleicht die größte Freude für mich war, daß ich nun die schöne Alope, No-po-so's Tochter, heiraten durfte. Sie war ein schlan-

* Die Apachen wollen nichts vom Besitz eines verstorbenen Verwandten behalten. Ihr ungeschriebenes Stammesgesetz verbietet es, weil davon ausgegangen wird, daß die Kinder oder andere Verwandte eines Verstorbenen, der viel Besitz hatte, sonst froh sein könnten, wenn der Betreffende stirbt.

kes, zierliches Mädchen, und wir liebten uns schon eine lange Zeit. Sobald mir der Rat diese Vorrechte gegeben hatte, ging ich deshalb zu ihrem Vater, um mit ihm über die Heirat zu sprechen. Vielleicht war unsere Liebe für ihn von keinem Interesse; vielleicht wollte er Alope auch bei sich behalten, denn sie war eine pflichtbewußte Tochter. Auf alle Fälle forderte er viele Ponies für sie. Ich erwiderte nichts darauf, aber nach ein paar Tagen erschien ich mit der Ponyherde vor seinem Wigwam und nahm Alope mit mir. Das war die Heiratszeremonie in unserem Stamm.

Unweit vom Tepee meiner Mutter machte ich ein neues Heim für uns. Das Tepee war aus Büffelhäuten gefertigt und in ihm waren viele Bären- und Löwenfelle und andere Jagdtrophäen, sowie meine Speere, Bogen und Pfeile. Alope hatte viele Verzierungen mit Perlen und Hohlsaumarbeit auf Hirschleder angefertigt und in unserem Tepee angebracht.* Sie malte auch viele Bilder auf die Wände unseres Heims. Sie war eine gute Frau, aber niemals stark. Wir befolgten die Traditionen unserer Väter und waren glücklich. Drei Kinder bekamen wir – Kinder, die spielten, sich herumtrieben und arbeiteten wie ich es getan hatte.

* Perlen stammen von den Mexikanern. Die Apachen bekamen auch Geld von den Mexikanern, maßen ihm aber keinen Wert bei, und gaben es entweder ihren Kindern zum Spielen oder warfen es weg.

TEIL 2

DIE MEXIKANER

6

KAS-KI-YEH

Teil 1 – Das Massaker

Im Sommer des Jahres 1858 als Frieden sowohl mit den mexikanischen Städten als auch mit allen benachbarten Indianerstämmen herrschte, zogen wir südwärts nach Old Mexico um Handel zu treiben. Unser ganzer Stamm (Bedonkohe Apachen) zog durch Sonora auf Casa Grande, unserem Ziel zu, aber kurz bevor wir dort ankamen, hielten wir in einer anderen mexikanischen Stadt an, die bei den Indianern "Kas-ki-yeh" hieß. Hier blieben wir mehrere Tage, wobei wir außerhalb der Stadt lagerten. Täglich gingen wir in die Stadt, um zu handeln und ließen unser Lager unter dem Schutz einer kleinen Wachgruppe zurück, damit unsere Waffen, Vorräte, Frauen und Kinder während unserer Abwesenheit geschützt waren.

An einem Spätnachmittag, als wir aus der Stadt zurückkehrten, stießen wir auf einige Frauen und Kinder, die uns berichteten, daß mexikanische Truppen einer anderen Stadt unser Lager überfallen, alle Bewacher getötet, unsere Ponies und Waffen gestohlen, unsere Vorräte vernichtet und viele unserer Frauen und Kinder getötet hatten. Schnell trennten und verbargen wir uns so gut es ging bis zum Einbruch der Nacht, wo wir uns beim vereinbarten Treffpunkt, einem Dickicht beim Fluß, versammelten. Leise stahlen wir uns zusammen, einer nach dem anderen. Wachen wurden aufgestellt und als alle gezählt waren, stand fest, daß sich meine betagte Mutter, meine junge Frau und meine drei kleinen Kinder unter den Ermordeten befanden. Da es im Lager keine Lichter gab, konnte ich mich unbemerkt entfernen und zum Fluß gehen. Wie lang ich dort gestanden habe, weiß ich nicht, aber als ich sah, daß sich die Krieger zum Rat zusammensetzten, nahm ich meinen Platz ein.

In dieser Nacht stimmte ich weder für noch gegen irgendeine Maßnahme. Aber es wurde beschlossen, daß wir auf keinen erfolgreichen Kampf hoffen konnten, da nur noch 80 Krieger übrig und wir ohne Waffen und Vorräte und darüberhinaus von den Mexikanern tief in ihrem eigenen Gebiet umringt waren. Deshalb gab Mangus-Colorado, unser Häuptling, den Befehl, sofort und völlig lautlos zu unseren Heimstätten in Arizona aufzubrechen und unsere Toten auf dem Feld zurückzulassen.

Ich stand da bis alle weggegangen waren, ohne genau zu wissen, was ich tun sollte. Ich hatte keine Waffe, wollte auch gar nicht kämpfen, und dachte auch nicht daran die Leichen meiner geliebten Familie zu suchen, denn das war verboten. Ich betete auch nicht, konnte mich zu überhaupt nichts bestimmtes entschließen, denn es war kein Sinn mehr für mich da. Schließlich folgte ich still dem Stamm in Hörweite des weichen Geräuschs der Füße der Apachen auf dem Rückzug.

Am nächsten Morgen erlegten einige Indianer etwas Wild und wir hielten nur so lange an, wie wir zum kochen und essen benötigten und setzten dann den Marsch fort. Ich hatte kein Wild erlegt und aß auch nichts. Während des ersten Marsches und auch während der Rast sprach ich mit niemandem und niemand sprach mit mir; es gab nichts zu sagen.

Zwei Tage und drei Nächte lang legten wir Gewaltmärsche zurück, bei denen wir nur zum Essen halt machten. Dann lagerten wir nahe der mexikanischen Grenze und ruhten uns zwei Tage aus. Hier nahm ich etwas Nahrung zu mir und sprach mit den anderen Indianern, die Verluste durch das Massaker zu beklagen hatten, aber keiner hatte soviel verloren wie ich, denn ich hatte alles verloren.

Innerhalb weniger Tage erreichten wir unsere eigene Siedlung. Hier waren die Verzierungen, die Alope angefertigt hatte – und da waren die Spielsachen unserer Kleinen. Ich verbrannte alles, auch unser Tepee. Ich verbrannte das Tepee meiner Mutter ebenfalls und zerstörte ihren ganzen Besitz.*

Ich fand in unserem stillen Heim keine Ruhe mehr. Natürlich, ich konnte das Grab meines Vaters aufsuchen, aber ich hatte den mexikanischen Soldaten Rache geschworen, die mir Unrecht angetan hatten, und wenn immer ich in die Nähe des Grabes kam oder etwas sah, das mich an frühere glückliche Tage erinnerte, fing mein Herz an, nach Rache an Mexiko zu schreien.

Teil 2 – Die Rache

Sobald wir wieder einige Waffen und Vorräte beisammen hatten, berief Mangus-Colorado, unser Häuptling, einen Rat ein, und alle unsere Krieger waren willens, auf den Kriegspfad gegen Mexiko zu gehen. Ich sollte die Hilfe der anderen Stämme bei diesem Krieg erbitten.

Als ich zu den Chokonen (Chiricahua) Apachen kam, berief Cochise, ihr Häuptling im frühen Morgengrauen einen Rat ein. Schweigend versammelten sich die Krieger auf einem offenen Platz in einem Bergtal und nahmen in Reihen gemäß ihrem Rang auf dem Boden Platz. Schweigend saßen sie da und rauchten. Auf ein Zeichen des Häuptlings hin erhob ich mich und trug mein Anliegen wie folgt vor: "Blutsbrüder, ihr habt gehört, was die Mexikaner kürzlich ohne Grund getan haben. Ihr seid meine Verwandten – Onkel, Vettern, Brüder. Wir sind genauso Männer wie es die Mexikaner sind. Wir können ihnen antun, was sie uns angetan haben. Laßt uns die Verfolgung aufnehmen. Ich werde euch in ihre Stadt führen. Wir werden sie in ihren Heimen angreifen. Ich werde an vorderster Front kämpfen. Ich bitte euch nur darum, mir zu folgen um die Untat dieser Mexikaner zu rächen. Wollt ihr mitkommen? Es ist gerecht. Ihr werdet alle mitkommen. Erinnert euch an das Gesetz des Krieges. Männer können zurückkehren oder sie können getötet werden. Wenn von diesen jungen Männern welche getötet werden, will ich nicht von ihren Verwandten dafür getadelt werden, denn sie selbst haben sich entschlossen mitzugehen. Wenn ich getötet werden sollte, braucht niemand um mich zu trauern. Meine Leute sind

* Gemäß den Sitten hätte er den Besitz der getöteten Verwandten nicht behalten dürfen, aber er war nicht verpflichtet, sein eigenes Tepee und die Spielsachen seiner Kinder zu zerstören.

alle in jenem Land umgebracht worden, und ich werde auch sterben, wenn es nötig sein sollte."

Ich kehrte zu meiner eigenen Siedlung zurück, berichtete meinem Häuptling von diesem Erfolg und machte mich unverzüglich auf den Weg in den Süden – in das Land der Nedni Apachen. Ihr Häuptling, Whoa, hörte mich ohne etwas zu sagen an, gab jedoch sofort Anweisungen für einen Rat, und als alle bereit waren gab er mir ein Zeichen zu sprechen. Ich wandte mich genauso an sie wie ich mich an den Stamm der Chokonen gewandt hatte und auch sie versprachen, uns zu helfen.

Im Sommer 1859, fast ein Jahr nach dem Massaker von Kaskiyeh sammelten sich diese drei Stämme an der mexikanischen Grenze um auf den Kriegspfad zu gehen. Ihre Gesichter waren bemalt, die Kriegsbänder* über den Brauen befestigt und die langen Skalplocken ** bereit für die Hand und das Messer des Kriegers, der ihrer habhaft werden konnte. Ihre Familien waren an einem Treffpunkt in den Bergen, nahe der mexikanischen Grenze, versteckt. Wächter waren bei den Familien postiert und eine Anzahl von Ausweichtreffpunkten wurde vereinbart, falls das Lager gestört werden

Als alle bereit waren, gaben die Häuptlinge das Zeichen zum Aufbruch. Keiner von uns war beritten und jeder Krieger trug Moccasins und ein um die Lenden geschlungenes Tuch. Dieses Tuch konnte man zum Schlafen über sich ausbreiten und während des Marsches diente es als Kleidungsstück, das ausreichenden Schutz bot. In der Schlacht, wenn der Kampf hart war, wollten wir nicht viel anhaben. Jeder Krieger trug eine Ration für drei Tage bei sich. Da wir aber öfters Wild erlegten, waren wir selten ohne Nahrung.

Wir gingen in drei Abteilungen: die Bedonkohe Apachen, angeführt von Mangus-Colorado, die Chokonen Apachen unter Cochise und die Nedni Apachen unter Whoa. Innerhalb der einzelnen Stämme gab es jedoch keine bestimmte Ordnung. Gewöhnlich marschierten wir rund vierzehn Stunden pro Tag, mit drei Unterbre-

* Dies waren 60 cm lange Lederstreifen, die um den Kopf herumgebunden waren.

** Zu dieser Zeit hatte die mexikanische Regierung eine Belohnung in Gold für Skalps von Apachen ausgesetzt: 100 Dollar für den eines Kriegers, 50 für den einer Squaw und 25 für den Skalp von Kindern.

chungen zum Essen und legten zwischen vierzig und fünfundvierzig Meilen pro Tag zurück.

Ich diente als Führer nach Mexiko und wir folgten den Flußläufen und Bergzügen, weil wir auf diese Weise unser Vorgehen verbergen konnten. Wir kamen nach Sonora und gingen südwärts vorbei an Quitaro, Nacozari und vielen kleinen Siedlungen.

Kurz vor Arispe lagerten wir,. und acht Männer kamen als Unterhändler aus der Stadt geritten. Diese nahmen wir gefangen, töteten und skalpierten sie. Dies geschah um die Truppen aus der Stadt zu locken und am nächsten Tag kamen sie. Das Gefecht dauerte den ganzen Tag über an, ohne großen Einsatz, in der Nacht jedoch erbeuteten wir ihren Versorgungszug und hatten so genug Vorräte und einige Waffen mehr.

In dieser Nacht stellten wir Wachen auf, verlegten aber unser Lager nicht, sondern ruhten uns die ganze Nacht aus, denn wir erwarteten schwere Arbeit für den nächsten Tag. Früh am Morgen wurden die Krieger zum Gebet versammelt, nicht um Hilfe zu erbitten, sondern daß sie gesund sein würden und nicht auf Hinterhalte und Täuschungen des Gegners hereinfielen.

Wie erwartet, kam die ganze mexikanische Streitkraft ungefähr um zehn Uhr morgens heraus. Sie umfaßte je zwei Kompanien Kavallerie und Infanterie. Ich erkannte in den Soldaten der Kavallerie diejenigen, die meine Leute bei Kaskiyeh getötet hatten. Das teilte ich den Häuptlingen mit und sie sagten, daß ich die Schlacht anführen könnte.

Ich war kein Häuptling und nie einer gewesen, aber weil mir mehr Unrecht zugefügt worden war als anderen, wurde mir diese Ehre zuteil und ich war entschlossen, mich des Vertrauens würdig zu erweisen. Ich ließ die Indianer in der Nähe des Flusses einen weiten Kreis bilden. Die Mexikaner stellten ihre Infanterie in zwei Linien auf, mit der Kavallerie in der Reserve. Wir waren im Wald, sie rückten bis auf ungefähr hundert Yards vor, als sie anhielten und das Feuer eröffneten. Bald danach führte ich einen Angriff gegen sie und ließ zur gleichen Zeit einige Tapfere von hinten angreifen. Während der ganzen Schlacht dachte ich an meine ermordete Mutter, Frau und Kinder, an das Grab meines Vaters und meinen Racheschwur und ich kämpfte wütend. Viele fielen durch meine Hand und ich führte beständig unser Vorrücken an. Viele Tapfere wurden getötet. Die Schlacht dauerte ungefähr zwei Stunden.

Am Schluß waren vier Indianer allein in der Mitte des Feldes, ich selbst und drei andere Krieger. Unsere Pfeile waren alle verbraucht, unsere Speere abgebrochen in den Körpern von toten Feinden. Wir hatten nur mehr unsere Hände und Messer zum kämpfen, aber alle die gegen uns gestanden waren, waren tot. Dann kamen zwei bewaffnete Soldaten von einem anderen Teil des Feldes heran. Sie schossen zwei unserer Männer nieder und wir, die übrigen zwei, flohen auf unsere eigenen Krieger zu. Mein Gefährte wurde von einem Säbel nierdergestreckt. Ich erreichte unsere Krieger jedoch, ergriff einen Speer und drehte mich um. Der eine, der mich verfolgt hatte, verfehlte sein Ziel und fiel durch meinen Speer. Mit seinem Säbel stieß ich auf den anderen, der meinen Gefährten getötet hatte, wir packten einander und fielen zu Boden. Ich tötete ihn mit meinem Messer, stand schnell auf und dann seinen Säbel schwingend über ihm, wobei ich nach anderen Soldaten Ausschau hielt, die ich noch töten könnte. Es gab keine mehr. Aber die Apachen hatten es gesehen. Über das blutgetränkte Schlachtfeld, bedeckt von den Leichen der Mexikaner, erklang der wilde Schlachtruf der Apachen.

Noch voller Blut von meinen Feinden, die eroberte Waffe noch in der Hand, noch erhitzt von der Lust der Schlacht, des Siegs und der Rache, wurde ich von den tapferen Apachen umringt und zum Kriegshäuptling aller Apachen gemacht. Dann gab ich den Befehl, die Getöteten zu skalpieren.*

Ich konnte meine Geliebten nicht zurückrufen. Ich konnte die toten Apachen nicht mehr zurückholen, aber ich konnte mich an dieser Rache erfreuen. Die Apachen hatten das Massaker von "Kaski-yeh" gerächt.

* Von dem Augenblick an, wo der Befehl zum Krieg gegeben worden ist, nimmt für die Apachen alles eine religiöse Gestalt an. Die Art zu lagern, zu kochen usw. sind genau vorgeschrieben. Jedes Ding, das zum Krieg gehört, wird bei seinem heiligen Namen genannt, wie wenn man z.B. nicht Pferd, sondern Kriegspferd oder Angreifer sagen würde, nicht Pfeil, sondern Geschoß des Todes. Der Indianer wird nicht bei seinem gewöhnlichen Namen genannt, sondern bei einem heiligen Namen, dem, je nachdem, "tapfer" oder "Häuptling" beigefügt wird. Geronimos Name war Go-khlä-yeh, aber die Mexikaner nannten ihn bei dieser Schlacht Geronimo, ein Name, den er von da an sowohl unter Indianern wie unter Weißen immer getragen hat.

7

KAMPF UNTER SCHWIERIGEN BEDINGUNGEN

Alle anderen Apachen zeigten sich befriedigt vom Ausgang der Schlacht bei "Kaskiyeh", aber mich dürstete es nach noch mehr Rache. Mehrere Monate lang waren wir mit Jagen und anderen friedlichen Tätigkeiten beschäftigt. Schließlich gelang es mir zwei andere Krieger, Ah-koch-ne und Ko-deh-ne, zu überreden mit mir in mexikanisches Gebiet einzudringen.

Wir verließen unsere Familien und unseren Stamm und gingen auf den Kriegspfad.* Wir gingen zu Fuß mit Nahrungsmitteln für drei Tage. Wir betraten nördlich von Sonora mexikanischen Boden und folgten den Sierra de Antunez Bergen bis zu den Südausläufern des Gebirgszuges. Dort beschlossen wir ein kleines Dorf zu überfallen. (Den Namen des Dorfes weiß ich nicht). Von den Bergen kommend rückten wir bei Tagesanbruch vor. In einer Koppel außerhalb des Dorfes befanden sich fünf Pferde. Wir näherten uns vorsichtig, kurz vor den Pferden aber eröffneten die Mexikaner aus den Häusern das Feuer. Meine zwei Gefährten wurden getötet. Überall schwärmten Mexikaner aus, zu Pferde, zu Fuß und

* Geronimo hatte wieder geheiratet.

alle schienen bewaffnet zu sein. An diesem Tag wurde ich dreimal umzingelt, aber ich hörte nicht auf zu kämpfen und es gelang mir immer wieder zu entschlüpfen und mich zu verstecken. Wiederholt hatte ich von meinem Versteck aus die Gelegenheit genau auf Mexikaner zu zielen, die mit dem Gewehr in der Hand nach mir suchten. Ich glaube nicht, daß ich mein Ziel einmal verfehlte. Mit zunehmender Dunkelheit konnte ich mich allmählich in Richtung Arizona zurückziehen. Aber die Mexikaner gaben die Verfolgung nicht auf. Am nächsten Tag versuchten berittene Mexikaner mehrere Male, mich von meiner Richtung abzudrängen. Sie schossen oft auf mich, und ich hatte keine Pfeile mehr. Deshalb blieb mir nichts anderes übrig, als weiter davonzulaufen und mich zu verstecken, obwohl ich schon sehr müde war. Seit Beginn der Verfolgung hatte ich weder gegessen, noch gewagt zu rasten. In der zweiten Nacht konnte ich meine Verfolger abschütteln. Trotzdem verlangsamte ich meinen Schritt nicht bis ich zu Hause in Arizona war. Ich erreichte unser Lager ohne Beute, ohne meine Gefährten, erschöpft, aber nicht entmutigt.

Die Verwandten meiner zwei toten Gefährten kümmerten sich um deren Frauen und Kinder. Einige Apachen tadelten mich wegen des schlechten Ausganges des Rachezugs, aber ich sagte nichts. Nachdem ich versagt hatte, war es richtig zu schweigen. Meine Gefühle den Mexikanern gegenüber änderten sich jedoch nicht. Ich haßte sie noch immer und verlangte nach Rache. Ich ließ den Plan sie zu bestrafen nie fallen, aber die anderen Krieger wollten zumeist nichts von meinen beabsichtigten Überfällen hören.

Einige Monate nach diesem letzten Abenteuer konnte ich zwei andere Krieger zu einem Grenzüberfall überreden. Bei unserem vorangegangenen Überfall waren wir durch das Nedni-Apachen-Gebiet nach Sonora gelangt. Diesmal durchquerten wir das Land der Cho-kon-en, um zu den Sierra Madre Bergen zu kommen. Wir zogen nach Süden, beschafften uns weitere Vorräte und bereiteten unsere Überfälle vor. Wir hatten uns ein Dorf in der Nähe der Berge ausgesucht, das wir bei Tagesanbruch überfallen wollten. In der Nacht vor dem Überfall entdeckten mexikanische Späher unser Lager während wir schliefen und schossen auf uns, wobei sie einen Krieger töteten. Am Morgen beobachteten wir eine Kompanie mexikanischer Truppen, die vom Süden herkam. Sie war beritten und hatte Vorräte für eine lange Reise bei sich. Wir folgten ihrer Fährte, bis wir sicher sein konnten, daß sie auf unser Gebiet in Arizona zuritten. Wir überholten sie und erreichten unsere Siedlungen in drei Tagen. Gegen Mittag kamen wir an und um drei Uhr nachmittags griffen die mexikanischen Truppen unsere Siedlung an. Ihre erste Salve tötete drei kleine Jungen. Viele unserer Krieger waren von zu Hause weg, die wenigen im Lager gebliebenen konnten jedoch die Truppen noch vor Einbruch der Nacht aus den Bergen vertreiben. Wir töteten acht Mexikaner und verloren selbst zwei Krieger und die drei Jungen. Die Mexikaner zogen sich schnell nach Süden zurück. Vier Krieger wurden beauftragt ihnen zu folgen, und nach drei Tagen kamen diese zurück und berichteten, daß die mexikanische Kavallerie Arizona verlassen hatte und südwärts zog. Wir waren sicher, daß sie nicht so bald zurückkommen würden.

Im Sommer des Jahres 1860, kurz nach diesem Vorfall, konnte ich wieder gegen die Mexikaner auf Kriegspfad gehen. Diesmal mit 25 Kriegern. Wir folgten den Spuren der besagten mexikanischen Truppen und gelangten in die Sierra de Sahuaripa Berge. Dort entdeckten unsere Scouts am zweiten Tag berittene mexikanische Truppen. Da zum Kommando nur eine Kompanie Kavalleriesoldaten gehörte, würden wir sie durch einen Überraschungsangriff schlagen können, dachte ich. An einer Stelle, an der sie sicher vorbeikommen mußten, legten wir uns in den Hinterhalt. Es handelte sich dabei um einen Engpaß, durch den die ganze Kompanie hindurchmußte. Wir warteten mit dem Schießen bis die ganze Truppe den Engpaß passiert hatte. Dann erst wurde das Signal zum Angriff gegeben. Anscheinend ohne irgendeinen Befehl, stiegen die mexikanischen Soldaten von ihren Pferden, stellten sie als Deckeung vor sich auf und lieferten uns so ein gutes Gefecht. Ich sah, daß wir sie nicht aus der Stellung werfen konnten ohne unsere ganze Munition zu verschießen. Deshalb führte ich einen Sturmangriff durch. Die Krieger drangen plötzlich von allen Seiten her ein und wir kämpften Mann gegen Mann. Dabei erhob ich meinen Speer um einen Mexikaner zu töten, der gerade sein Gewehr auf mich richtete. Als ich schnell vorrückte, glitt ich in einer Blutlache aus und fiel unter den mexikanischen Soldaten. Er schlug mir seinen Gewehrkolben auf den Kopf und ich wurde bewußtlos. Genau in diesem Augenblick tötete ein Krieger, der mir gefolgt war, den Mexikaner mit seinem Speer. Nach wenigen Minuten war kein mexikanischer Soldat mehr am Leben. Nachdem der Kriegsschrei der Apachen verklungen war und ihre Feinde skalpiert, kümmerten sie sich um ihre Toten und Verwundeten. Ich wurde dort bewußtlos aufgefunden, wo ich gestürzt war. Sie badeten meinen Kopf in kaltem Wasser und ich kam wieder zu mir. Dann verbanden sie meine Wunde und am nächsten Morgen, obwohl geschwächt durch den großen Blutverlust und geplagt von starken Kopfschmerzen, war ich imstande, nach Arizona zurückzumarschieren. Monatelang erholte ich mich nicht ganz und die Narbe, die mir der Soldat zugefügt hat, habe ich immer noch. In diesem Kampf hatten wir so schwere Verluste erlitten, daß sich mit unserem Sieg kein Ruhm verband. Niemand schien in diesem Jahr noch einmal auf den Kriegspfad gehen zu wollen.

Im Sommer (1861) ging ich mit 12 Kriegern wieder nach Mexiko. Von Chihuahua aus marschierten wir 4 Tage lang an der Ostseite des Sierra Madre Gebirges in Richtung Süden entlang. Dann wechselten wir zum Sierra de Sahuaripa Gebiet über, das an den Osten des Casa Grande angrenzt. Wir rasteten einen Tag und sandten unsere Kundschafter aus. Sie berichteten uns von einer Kolonne beladener Maultiere, die 5 Meilen westlich lagerte. Am nächsten Morgen, bei Tagesanbruch, als die Treiber gerade mit der Kolonne weiterziehen wollten, griffen wir an. Sie ritten um ihr Leben und überließen uns die Beute. Die Maultiere waren mit Vorräten beladen, von denen wir die meisten mit nach Hause nahmen. Zwei Maultiere waren mit Lendenfleisch und Schinken beladen. Wir warfen es weg.*

Wir wollten die Kolonne nach Hause schaffen. Aber auf unserem Weg nordwärts durch Sonata überholten uns bei Casita mexikanische Truppen. Dies geschah bei Tagesanbruch als wir gerade unser Frühstück beendet hatten. Wir hatten keine Ahnung, daß wir verfolgt worden waren oder daß unsere Feinde in der Nähe waren, bis sie das Feuer eröffneten. Bei der ersten Salve grub mir eine Kugel eine Fleischwunde genau unter dem Augwinkel des linken Auges und ich fiel in Ohnmacht. Alle anderen Indianer brachten sich in Sicherheit. Die Mexikaner,

* Sie hatten nie Schinken gegessen und taten es lange Zeit auch nicht. Sogar heutzutage essen sie weder Schinken noch Schweinefleisch, wenn sie anderes Fleisch bekommen können. Geronimo weigert sich strikt es zu tun.

die mich totglaubten, verfolgten die fliehenden Indianer. Nach wenigen Augenblicken erlangte ich das Bewußtsein wieder und rannte so schnell ich konnte auf den Wald zu, als eine andere Kompanie, die aufgetaucht war, das Feuer auf mich eröffnete. Die Soldaten, die die anderen Indianer verfolgt hatten, drehten um, und ich stand zwischen zwei feindlichen Kompanien, aber nicht lange. Kugeln pfiffen aus allen Richtungen dicht an mir vorbei. Eine Kugel verursachte eine leichte Fleischwunde an meiner Seite. Aber ich rannte weiter, wich aus und kämpfte bis ich meine Verfolger abgeschüttelt hatte. Ich kletterte einen steilen Canyon hinauf, wohin die Kavallerie nicht folgen konnte. Die Soldaten sahen mich zwar, stiegen aber nicht von ihren Pferden um mir zu folgen. Es war klug von ihnen nicht näher zu kommen.

Für den Fall, daß etwas beim Heimbringen der Beute passieren sollte, hatten wir einen Treffpunkt in den Santa Bita Bergen in Arizona vereinbart. Wir schlossen uns in Mexiko nicht mehr zusammen, sondern waren einzeln unterwegs, und nach drei Tagen schlugen wir unser Lager am Treffpunkt auf. Von dort kehrten wir mit leeren Händen heim. Wir konnten nicht einmal von einem Teilerfolg berichten. Wieder kam ich verwundet zurück, aber ich war noch nicht entmutigt. Wiederum wurde ich von meinem Volk getadelt und wiederum wußte ich nichts zu antworten.

Nach unserer Rückkehr gingen viele Krieger auf die Jagd und einige andere zogen nordwärts um Decken von den Navajos einzuhandeln. Ich blieb zu Hause damit meine Wunden heilen konnten. Eines Morgens, kurz nach Tagesanbruch, als die Frauen die Lagerfeuer entfachten, um die Morgenmahlzeit zu bereiten, eröffneten drei Kompanien mexikanischer Truppen, die in der Nacht unsere Siedlung umstellt hatten, das Feuer. Zum Kämpfen blieb uns keine Zeit. Männer, Frauen und Kinder rannten um ihr Leben. Viele Frauen und Kinder und einige Krieger wurden getötet und vier Frauen gefangengenommen. Mein linkes Auge war noch immer zugeschwollen, aber mit dem anderen sah ich gut genug, um einen Offizier mit einem Pfeil zu treffen, und es gelang mir zwischen den Felsen zu entkommen. Die Truppen brannten unsere Tepees nieder und stahlen unsere Waffen, Vorräte, Ponies und Decken. Der Winter stand vor der Tür. Während des Überfalls waren höchstens zwanzig Krieger im Lager, von denen sich in der Aufregung nur wenige Waffen sichern konnten. Einige Krieger folgten der Fährte der Truppen auf ihrem Rückzug mit der Beute nach

Mexiko, waren aber nicht in der Lage, eine Schlacht zu eröffnen. Es dauerte sehr lange, ehe wir wieder auf den Kriegspfad gegen die Mexikaner gehen konnten.

Die vier gefangengenommenen und nach Sonora verschleppten Frauen wurden gezwungen, dort für die Mexikaner zu arbeiten. Nach einigen Jahren entkamen sie in die Berge und versuchten unseren Stamm wiederzufinden. Außer gestohlenen Messern, besaßen sie keine anderen Waffen. Da sie auch keine Decken hatten, schnitten sie mit den Messern Reisig und errichteten damit ein kleines Tepee für die Nacht. In diesem Behelfstepee schliefen sie alle vier. Eines Nachts, als das Lagerfeuer sehr niedrig brannte, hörten sie ein Knurren vor dem Tepee. Francisco, die jüngste in der Gruppe (ungefähr 17 Jahre alt), schürte das Feuer nach, als plötzlich ein Puma in das Tepee einfiel und sie angriff. Durch die Plötzlichkeit des Angriffs ließ sie ihr Messer fallen, aber sie kämpfte so gut sie konnte mit ihren bloßen Händen. Sie stellte jedoch für den Puma keinen Gegner dar. Ihre linke Schulter wurde zerschmettert und halb weggerissen. Der Puma versuchte weiter, sie am Hals zu treffen, was sie jedoch lange verhinderte. Er schleppte sie ungefähr 300 Meter weit mit sich, als sie merkte, daß sie ihre Kräfte wegen des hohen Blutverlustes verlor, und deswegen rief sie nach ihren Begleiterinnen. Diese griffen ihn mit ihren Messern an und töteten ihn. Dann verbanden sie ihre Wunden und pflegten sie einen Monat lang in den Bergen. Als sie wieder gehen konnte, setzten sie ihren Marsch fort und erreichten sicher unseren Stamm.

Diese Frau war Kriegsgefangene wie die anderen Apachen auch und starb 1892 auf dem Fort Sill Reservat. Ihr Gesicht blieb durch die Narben für immer entstellt und sie konnte ihre Hände nie mehr richtig gebrauchen. Die drei älteren Frauen starben bevor wir Kriegsgefangene wurden.

Viele Frauen und Kinder wurden zu ganz verschiedenen Zeiten von den Mexikanern verschleppt. Nur wenige von ihnen kehrten jemals zurück und jene, die es schafften, mußten viele Strapazen auf sich nehmen, um wieder mit ihrem Volk vereint sein zu können. Diejenigen, die nicht entkamen waren Sklaven der Mexikaner oder sogar noch mehr entwürdigt.

Fielen Krieger in die Hände der Mexikaner, legte man sie in Ketten. Vier Krieger, die an einem Ort nördlich von Casa Grande, das wir "Honas" nennen, gefangen genommen worden waren, wurden eineinhalb Jahre in Ketten gehalten, ehe man sie gegen gefangene Mexikaner austauschte.

Wir ketteten Gefangene nie an und sperrten sie auch nicht ein. trotzdem entkamen sie selten. Sie mußten Holz schneiden und Pferde hüten. Mexikanische Frauen und Kinder wurden wie unsersgleichen behandelt.*

* Der Übersetzer Asa, Sohn des Whoa, entsinnt sich eines kleinen mexikanischen Mädchens, das mit den Apachenkindern zusammen spielte, schließlich aber ausgetauscht wurde.

Eine von Geronimos Frauen und ihr Kind wurden zu dieser Zeit getötet. Von da an bis zum Zeitpunkt als er Kriegsgefangener wurde, hatte er zwei Frauen. Er hätte so viele Frauen haben können wie er wollte, aber er sagt, daß er so damit beschäftigt war, gegen die Mexikaner zu kämpfen, daß er nicht mehr als zwei unterhalten konnte.

8

ÜBERFÄLLE, DIE ERFOLG HATTEN

Im Sommer des Jahres 1862 nahm ich acht Männer und fiel in mexikanisches Gebiet ein. An der Westseite des Sierra Madre Gebirges zogen wir fünf Tage lang in Richtung Süden. Des Nachts wechselten wir zum südlichen Teil des Sierra de Saharipa Gebiets über. Dort lagerten wir wieder, um nach Lastenkolonnen Ausschau zu halten. Gegen zehn Uhr des nächsten Morgens kamen vier berittene Treiber mit einem beladenen Maultierzug an unserem Lager vorbei. Sobald sie uns sahen, ritten sie um ihr Leben und überließen uns die Beute. Der lange Zug war bepackt mit Decken, Baumwollstoffen, Sattelzeug, Zinnwaren und Zuckerstangen. Wir schickten uns an, diese Vorräte so schnell wie möglich nach Hause zu bringen. Als wir durch einen Canyon im Santa Catalina Berggebiet von Arizona kamen, stießen wir auf einen weißen Maultiertreiber. Er sah uns zuerst und jagte im vollen Galopp in die Berge hinauf. Wir durchsuchten den Zug und entdeckten, daß alle Maultiere mit Käse beladen waren. Wir reihten sie in unsere andere Kolonne ein und setzten die Reise fort. Wir versuchten nicht den Treiber zu verfolgen und ich bin mir sicher, daß er es auch nicht tat.

Innerhalb von zwei Tagen waren wir zu Hause. Mangus-Colorado, unser Häuptling, rief daraufhin den Stamm zusammen.

Wir gaben ein großes Fest, teilten die Beute und tanzten die ganze Nacht. Einige der Mulis wurden getötet und gegessen.

Dieses Mal sandten wir nach unserer Rückkehr Späher aus, damit wir erfahren würden, ob mexikanische Truppen versuchten uns zu folgen.

Am dritten Tag kamen unsere Kundschafter zurück und meldeten, daß sich mexikanische Kavallerie, die ihre Pferde zurückließ, unserem Lager näherte. Alle unsere Krieger waren im Lager. Mangus-Colorado übernahm das Kommando über eine Gruppe von Kriegern und ich über die andere. Wir hofften in Besitz ihrer Pferde zu kommen, dann die Truppen in den Bergen zu umzingeln und die ganze Kompanie aufzureiben. Dies gelang uns nicht, da auch sie Kundschafter besaßen. Innerhalb von vier Stunden hatten wir jedoch 10 Soldaten bei einem Verlust von nur einem Krieger getötet. Die mexikanische Kavallerie blies zum völligen Rückzug, verfolgt von dreißig bewaffneten Apachen, die sie nicht zur Ruhe kommen ließen, bis sie sich wieder weit auf mexikanischem Boden befanden. Diesen Winter blieben wir von weiteren Truppen verschont.

Für längere Zeit hatten wir genug Vorräte und waren mit Decken und Kleidung versorgt. Ebenso besaßen wir genügend Käse und Zucker.

Im darauffolgenden Sommer wählte ich drei Krieger aus um einen Überfall in Mexiko zu unternehmen. Wir zogen nach Süden in Richtung Sonora und campierten in den Sierra de Sahuaripa Bergen. 40 Meilen westlich von Casa Grande liegt in den Bergen ein Dorf, das die Indianer "Crassanas" nennen. In dessen Nähe lagerten wir und beschlossen einen Überfall zu wagen. Um die Mittagszeit schien sich niemand zu rühren, deshalb planten wir unseren Überfall zu dieser Stunde. Am nächsten Tag schlichen wir uns gegen Mittag in die Ortschaft. Wir hatten keine Gewehre, waren jedoch mit Speeren, Pfeil und Bogen bewaffnet. Als unser Kriegsschrei erklang um den Angriff zu eröffnen, flohen die Mexikaner in alle Richtungen davon. Keiner von ihnen machte einen Versuch gegen uns zu kämpfen.

Wir schossen auf die sich zurückziehenden Mexikaner ein paar Pfeile ab, töteten aber nur einen. Bald war es überall in der Stadt ruhig und wir sahen keinen einzigen Mexikaner.

Als wir entdeckten, daß alle Mexikaner verschwunden waren, durchsuchten wir ihre Häuser und fanden viele merkwürdige Dinge. Diese Mexikaner hatten im Vergleich zu uns unterschiedlichste Arten von Besitztümern. Mit vielen Dingen, die wir in den Häusern sahen, konnten wir nichts anfangen, aber in den Lagern fanden wir vielerlei, was wir gebrauchen konnten. Wir trieben eine Herde von Pferden und Maultieren zusammen und bepackten sie mit so viel Proviant und Vorräten wie nur irgendwie möglich. Mit diesen Tieren bildeten wir einen Packzug und kehrten sicher nach Arizona zurück. Die Mexikaner versuchten nicht einmal unserer Spur zu folgen.

Als wir im Lager eintrafen, riefen wir den Stamm zusammen und feierten den ganzen Tag. Jedem gaben wir Geschenke. In dieser Nacht begann ein Tanz, der nicht vor Mittag des nächsten Tages endete.

Vielleicht war dies der erfolgreichste Überfall, den wir je auf mexikanisches Gebiet unternommen hatten. Den Wert der Beute kann ich nicht abschätzen, aber er war sehr groß, da wir soviel Vorräte besaßen, daß sie dem Stamm mehr als ein Jahr reichten.

Im Herbst 1864 erklärten sich 20 Krieger zu einem Einfall nach Mexiko bereit. Es waren ausgewählte Männer, gut bewaffnet und ausgerüstet für eine Schlacht. Wie immer trafen wir Vorsorge für unsere Familien, bevor wir uns aufmachten. Unser Stamm verstreute sich und versammelte sich in einem Lager, das ungefähr 40 Meilen von dem früheren Platz entfernt lag, wieder. Auf diese Weise würde es den Mexikanern schwerfallen sie zu verfolgen und wir würden wissen, wo wir unsere Familien finden konnten, wenn wir zurückkehrten. Außerdem könnten feindliche Indianer unser Lager überfallen, wenn sie sahen, daß solch eine große Anzahl von Kriegern das Gebiet verließ; wenn sie aber niemand am üblichen Lagerplatz vorfanden würde ihr Überfall mißlingen.

Dieses Mal durchquerten wir das Gebiet der Chokonen Apachen und gelangten so nach Sonora, genau südlich von Tombstone, Arizona, wo wir uns anschickten uns in den Sierra de Antunez Bergen zu verstecken.

Wir überfielen mehrere Siedlungen in der Nähe und beschafften uns genügend Vorräte. Nach ungefähr drei Tagen griffen wir bei einem Ort, den wir "Pontoco" nennen, einen Maultierzug an und nahmen ihn in Besitz. Dieser Ort liegt genau westlich ungefähr eine Tagesreise von Arispe.

Drei Treiber befanden sich bei dem Zug. Einer wurde getötet, die beiden anderen konnten entkommen. Der Zug war mit Mescal beladen, die Flaschen befanden sich in Weidenkörben.* Sobald wir rasteten begannen die Indianer zu trinken und sich gegenseitig zu bekämpfen. Auch ich hatte genug Mescal getrunken um seine Wirkung zu spüren, aber ich war nicht betrunken. Ich befahl, den Kämpfen Einhalt, aber mein Befehl wurde nicht befolgt. Bald war fast ein allgemeiner Kampf im Gange. Ich versuchte eine Wache um das Lager aufzustellen, aber alle waren betrunken und verweigerten ihren Dienst. Jeden Moment erwartete ich einen Angriff von mexikanischen Truppen und es war wirklich eine ernste Angelegenheit für mich, da ich das Kommando innehatte und für jegliches Unglück, das mit der Expedition verbunden war, verantwortlich gemacht werden würde. Schließlich wurde es im Lager verhältnismäßig ruhig, da die Indianer zu betrunken waren um zu laufen, geschweige denn zu kämpfen. Während sie in diesem benommenen Zustand waren, schüttete ich den ganzen Mescal aus, löschte die Feuer und brachte die bepackten Mulis ziemlich weit vom Lager weg. Zum Lager zurückgekehrt, versuchte ich etwas für die Verwundeten zu tun. Es stellte sich heraus, daß nur zwei gefährlich verletzt waren. Aus dem Bein von einem schnitt ich eine Pfeilspitze heraus. Als ich alle Wunden versorgt hatte, hielt ich bis zum Morgen selbst Wache. Am darauffolgenden Tag luden wir unsere Verwundeten auf die Packesel und marschierten in Richtung Arizona.

Am nächsten Tag fingen wir einige Rinder aus einer Herde und trieben sie mit uns nach Hause. Zu Fuß Rinder zu treiben stellte sich als sehr schwierig heraus. Die Verwundeten zu versorgen und die Rinder daran zu hindern zu entkommen, machten unsere Reise ermüdend. Aber wir wurden nicht verfolgt und kamen sicher mit der ganzen Beute zu Hause an.

Wir feierten und tanzten und teilten die Beute. Nach dem Tanz töteten wir alle Rinder und trockneten das Fleisch. Wir behandelten die Häute, das getrocknete Fleisch wurde hineingepackt und gelagert. Den ganzen Winter über hatten wir genug Fleisch. Dies waren die ersten Rinder, die wir bis dahin erbeutet hatten. Wie üblich töteten und aßen wir einige der Mulis. Wir hatten kaum Verwendung für Maultiere, und wenn wir sie nicht gegen etwas von Wert eintauschen konnten, töteten wir sie.

Mit vier Kriegern machte ich mich im Sommer 1865 wieder auf

* Mescal ist ein brennender Likör, der in Mexiko aus mehreren Gewürzen der Agave hergestellt wird.

nach Mexiko. Zuvor waren wir immer zu Fuß gewesen, da wir gewöhnt waren zu Fuß zu kämpfen. Außerdem konnten wir uns unberitten weit besser verbergen. Dieses Mal aber wollten wir mehr Rinder und es war schwer sie zu Fuß zu treiben. Südwestlich von Tombstone, Arizona, drangen wir nach Sonora ein, folgten den Sierra de Antunez Bergen bis zu ihrer südlichsten Grenze und durchquerten das Land so weit im Süden, wo die Mündung des Yaqui Flusses war. Dort sahen wir einen großen See, der sich weiter ausdehnte, als wir sehen konnten.* Von da aus drehten wir nach Norden ab, überfielen einige Siedlungen und beschafften uns eine Menge Vorräte. Zurückgekehrt bis nordwestlich von Arispe hatten wir ungefähr eine Anzahl von 60 Rindern erbeutet, und wir trieben sie zu unseren Lagerplätzen in Arizona zurück. Wir wählten nicht den direkten Weg, sondern campierten in verschiedenen Tälern. Wir wurden nicht verfolgt. Zu Hause wurde wieder der Stamm zusammengerufen und es wurde gefeiert und getanzt. Geschenke wurden ausgeteilt; danach wurden die Rinder getötet, das Fleisch getrocknet und verpackt.

* Golf von Kalifornien

9

WECHSELNDES GLÜCK

Im Herbst des Jahres 1865 ging ich mit neun Kriegern nach Mexiko. Südlich von Casa Grande griffen wir mehrere Niederlassungen an und trieben viele Pferde und Maultiere zusammen. Durch die Berge hindurch gelang es uns mit den Pferden nordwärts zu ziehen. Eines Abends schlugen wir unser Lager in der Nähe von Arispe auf; da wir uns unverfolgt glaubten, ließen wir die ganze Herde frei herumlaufen, sogar unsere Reittiere. Sie befanden sich in einem Tal, das von steilen Bergen umgeben war. Wir lagerten am Eingang zu diesem Tal, so daß die Tiere nicht entkommen konnten ohne durch unser Lager zu müssen. Gerade als wir begonnen hatten zu Abend zu essen, erschienen unsere Späher und meldeten mexikanische Truppen, die auf unser Lager zukämen. Wir eilten zu unseren Pferden, aber Truppen, die von unseren Spähern nicht entdeckt worden waren und sich über uns auf den Felsen befanden, eröffneten das Feuer. Wir verstreuten uns in alle Richtungen. Die Truppen eroberten unsere ganze Beute zurück. Nach drei Tagen versammelten wir uns wieder an einem verabredeten Treffpunkt in den Sierra Madre Bergen nördlich von Sonora. Mexikanische Truppen waren uns nicht gefolgt und ohne in weitere Kämpfe verwickelt zu werden und ohne Beute kehrten wir nach Arizona zurück. Wiederum konnte ich nichts sagen, aber ich war begierig auf einen weiteren Überfall.

Im Frühsommer des Jahres 1866 wählte ich 30 berittene Krieger aus und drang in mexikanisches Gebiet ein. Unser Weg führte uns durch Chihuahua bis nach Santa Cruz, Sonora. Von dort schwenkten wir hinüber zu den Sierra Madre Bergen, wobei wir dem Flußlauf am südlichen Ende des Gebirgszuges folgten. Wir hielten westlich der Sierra Madre Berge auf die Sierra de Sahuripa Berge zu und folgten diesem Gebirgszug in nördlicher Richtung. Wir trieben alle Pferde, Maultiere und Rinder zusammen, die wir haben wollten und brachten sie durch Sonora zurück nach Arizona. Oftmals wurden wir von Mexikanern gesehen, aber sie griffen uns nie an. Auch keine Truppen wagten es uns zu folgen. Zu Hause angelangt beschenkten wir wieder jeden und der Stamm feierte und tanzte. Während dieses Überfalls hatten wir ungefähr fünfzig Mexikaner getötet.

Im darauffolgenden Jahr (1867) führte Mangus-Colorado mit acht Kriegern einen Beutezug auf mexikanischem Boden durch. Ich schloß mich als Krieger an, da ich mich immer freute gegen die Mexikaner zu kämpfen. Nahe Tombstone, Arizona, ritten wir südlich nach Sonora. Wir unternahmen Angriffe auf einige Cowboys, in deren Verlauf zwei von ihnen getötet wurden. Ihre ganze Rinderherde trieben wir nach Norden. Am zweiten Tag trieben wir die Rinder weiter ohne Späher ausgeschickt zu haben. Nicht weit von Arispe näherten sich uns mexikanische Truppen. Sie waren gut bewaffnet und hatten gute Pferde und als wir sie zum ersten Mal erblickten, waren sie kaum mehr als eine halbe Meile von uns entfernt. Wir ließen die Rinder zurück und ritten so schnell wir konnten auf die Berge zu, aber sie gewannen schnell an Boden. Bald darauf eröffneten sie das Feuer, waren aber selbst so weit von uns entfernt, daß wir sie mit unseren Pfeilen nicht erreichen konnten. Endlich gelangten wir zu ein paar Bäumen und kämpften, unsere Ponies zurücklassend, aus dieser Deckung heraus. Die Mexikaner hielten an, trieben unsere Ponies zusammen und ritten mit den Rindern über die Ebenen auf Arispe zu. Wir standen da und verfolgten sie mit unseren Blicken bis sie in der Ferne verschwanden; dann setzten wir unseren Marsch nach Hause fort.

Wir kamen nach fünf Tagen an, ohne einen Sieg melden zu können, ohne Beute, die wir hätten teilen können, ja sogar ohne

Geronimo (1829 - 1909). Nach einem Photo von A. Frank Randall, 1886.
(Quelle: Arizona Pioneer's Historical Society. Tucson).

"Wie das Buch entstand". Von links nach rechts: S.M. Barrett, Geronimo und der Dolmetscher Asa Daklugie, ein Stiefvetter des Geronimo. *(Photo aus der Originalausgabe)*

Naiche (Natchez), der jüngste Sohn des Cochise, und letzter Häuptling der Chiricahua Apachen, der sein Amt durch Erbfolge innehatte. Nach einem Photo von Ben Wittick. *(Quelle: Bureau of American Ethnology, Smithsonian Institution).*

Geronimo und Naiche zu Pferd. Nach einem Photo von C.S. Fly. *(Quelle: National Archives)*

Feindliche Chiricahuas, 1886. In der Mitte steht Geronimo. *(Nach einem Photo von George S. Schaeffer.)*

Kapitulationsverhandlungen im Canyon de los Embudos, Sonora, im März 1886. Links in der Mitte, Geronimo und General Crook (zweiter von rechts). Nach einem Photo von C.S. Fly. *(Quelle: Arizona Pioneer's Historical Society, Tucson).*

Geronimo im Wassermelonenfeld von Fort Sill. Links seine sechste Frau, Zi-yah.
(Quelle: U.S. Army Museum, Fort Sill, Oklahoma).

Geronimo "auf der Achse". Ein Publicity Photo.
(Quelle: National Archives)

"Die Letzten des Bedonkhoe Apachen Stammes". Von links nach rechts: Toclanny (eigentlich ein Mimbreno Apache und Kundschafter der U.S. Armee), Nahdos-te (Geronimos Schwester), Nah-thle-tla (Geronimos Vetter), und Perico (Porico) oder Weißes Pferd (Geronimos Stiefvetter und einer der größten "Leutnants"). *(Quelle: Originalausgabe)*

Die Beerdigung des Geronimo in Fort Sill, am 17. Februar 1909. *(Quelle: U.S. Armee Museum, Fort Sill, Oklahoma).*

Geronimo. Nach einem Photo von DeLancey Gill, 1905. *(Quelle: Bureau of American Ethnology, Smithsonian Institution)*

die Ponies, mit denen wir nach Mexiko aufgebrochen waren. Diese Expedition wurde als schmachvoll erachtet.

Diejenigen Krieger, die mit Mangus-Colorado auf diesen Feldzug gegangen waren, wollten nach Mexiko zurückkehren. Sie waren unzufrieden, außerdem bekamen sie den beißenden Spott der anderen Krieger zu spüren. Da Mangus-Colorado sie nicht noch einmal anführen wollte, übernahm ich das Kommando. Zu Fuß gingen wir geradewegs nach Arispe in Sonora und lagerten in den Sierra de Sahuripa Bergen. Wir waren nur zu sechst, überfielen aber trotzdem des Nachts einige Siedlungen, erbeuteten viele Pferde und Maultiere und beluden diese mit Lebensmittelvorräten, Satteln und Decken. Auch bei unserer Rückkehr nach Arizona marschierten wir nur bei Nacht. Im Lager angekommen sandten wir Kundschafter aus, um jeglicher Überraschung von Seiten der Mexikaner vorzubeugen. Wir versammelten den Stamm und wie üblich feierten und tanzten wir und teilten die Beute auf. Mangus-Colorado wollte nichts von der Beute annehmen, aber das machte uns nichts aus. Keine mexikanischen Truppen folgten uns nach Arizona.

Ungefähr ein Jahr später, im Jahre 1868, trieben mexikanische Truppen alle Pferde und Maultiere unseres Stammes nicht weit von unserem Lager zusammen. Da wir in diesem Jahr keine Übergriffe auf Mexiko unternommen hatten, erwarteten wir keinen Angriff. Wir befanden uns alle im Lager, gerade von der Jagd zurückgekommen.

Gegen zwei Uhr nachmittags sahen wir zwei mexikanische Kundschafter nahe unserem Lager. Wir töteten diese, aber die Truppen waren mit unserer Herde bereits unterwegs bevor wir sie entdeckten. Es war sinnlos zu versuchen sie zu Fuß einzuholen, und unserem Stamm war kein einziges Pferd geblieben. Ich suchte 20 Krieger aus und folgte ihrer Spur. Wir fanden das Vieh auf einer Rinderranch in Sonora, nicht weit von Nacozari, und griffen die Cowboys an, die die Tiere unter Aufsicht genommen hatten. Ohne auch nur einen einzigen Mann zu verlieren konnten wir doch zwei von ihnen töten. Nach Beendigung des Kampfes trieben wir mit unseren Tieren auch die ihren fort.

Neun Cowboys verfolgten uns. Ich schickte die Viehherde voraus und bildete mit drei Kriegern die Nachhut um Angreifende abzuhalten. Eines Nachts entdeckten wir die Cowboys nicht mehr weit von der Grenze nach Arizona auf unserer Fährte und wir beobachteten sie, wie sie ihr Nachtlager aufschlugen und ihre Pferde anpflockten. Gegen Mitternacht schlichen wir uns in ihr Lager und führten die Pferde weg, ohne daß wir die Cowboys aufweckten. Wir ritten hart und holten unsere Gefährten ein, die anstatt bei Tag immer nur nachts weiterzogen. Diese Pferde reihten wir in unsere Herde ein und ließen uns wieder zurückfallen, um eventuelle Angriffe abzuschütteln. Ich weiß nicht wie es diesen neun Cowboys am nächsten Morgen erging, auch habe ich die Mexikaner nie darüber reden hören. Ich weiß nur, daß sie uns nicht folgten, da wir nicht belästigt wurden. Als wir in unserem Lager anlangten herrschte große Freude in unserem Stamm. Es galt als ein gelungener Trick die Pferde der Mexikaner bekommen zu haben und diese dabei in den Bergen schlafend zurückzulassen.

Es dauerte sehr lange bis wir uns wieder nach Mexiko aufmachten oder von den Mexikanern gestört wurden.

10

ERBITTERTE KÄMPFE

Ungefähr um 1873 wurden wir wiederum von Mexikanern in unserem Lager angegriffen, aber wir schlugen sie. Daraufhin beschlossen wir, Überfälle nach Mexiko zu unternehmen. Wir brachen unser ganzes Lager ab, packten all unsere Habe auf unsere Maultiere und Pferde, zogen nach Mexiko und schlugen es erneut in den Bergen nahe Nacori auf. Wenn wir unseren Aufenthaltsort auf diese Weise verlagerten, wollten wir von niemandem bespitzelt werden. Falls wir an einem mexikanischen Haus vorbeikamen, töteten wir normalerweise dessen Bewohner. Wenn sie sich jedoch ergaben und keinen Widerstand leisteten oder nicht sonst irgendwie Ärger heraufbeschworen, dann nahmen wir sie gefangen. Des öfteren änderten wir unsere Treffpunkte; dann pflegten wir unsere Gefangenen mitzunehmen, wenn sie damit einverstanden waren; wenn sie aber aufsässig wurden, wurden sie vielleicht getötet. Ich erinnere mich an einen Mexikaner in den Sierra Madre Bergen, der uns dahinziehen sah und uns für längere Zeit aufhielt. Wir machten uns die Mühe ihn zu fangen, da wir dachten, daß uns die Dinge in seinem Haus für die Verzögerung entschädigen würden, aber nachdem wir ihn getötet hatten, fanden wir dort nichts, was es wert gewesen wäre mitzunehmen. Über ein Jahr lang streiften wir in diesen Bergen umher und überfielen mexikanische Siedlungen um unsere Vorräte aufzufüllen, hatten aber keine größeren Gefechte mit mexikanischen Truppen. Dann kehrten wir nach Arizona zurück. Dort blieben wir ungefähr ein Jahr, bevor wir uns wieder nach Mexiko aufmachten und uns in den Sierra Madre Bergen versteckten. Unser Lager befand sich in der Nähe von Nacori. Kaum hatten wir Kriegerscharen organisiert, die das Land überfallen sollten, als unsere Kundschafter mexikanische Truppen entdeckten, die auf unser Lager zuhielten um uns anzugreifen.

DIE SCHLACHT AM WEISSEN HÜGEL

Der Häuptling der Nedni Apachen, Whoa, kam mit uns und befehligte eine Division. Die Krieger waren alle in Richtung der Truppen losgezogen und trafen auf sie fünf Meilen entfernt von unserem Camp. Wir zeigten uns den Soldaten und sie ritten schnell auf einen Hügel hinauf, wo sie absaßen und ihre Pferde als Brustwehr benutzten. Dies war ein runder Hügel, sehr steil und felsig, und es gab keine Bäume an seinen Seiten. Zwei Kompanien mexikanischer Kavallerie standen 60 unserer Krieger gegenüber. Wir krochen langsam, hinter Felsen Versteck suchend, den Hügel hinauf, während die Mexikaner uns ständig unter Beschuß hielten, aber ich hatte meine Krieger zur Vorsicht gemahnt, daß sie sich den Mexikanern nicht zeigen sollten.

Ich wußte, daß die Truppen ihre Munition vergeuden würden. Bald hatten wir alle ihre Pferde getötet, aber die Soldaten benutzten sie weiterhin als Deckung, hinter der sie hervorschossen. Während wir bereits mehrere Mexikaner getötet hatten, hatten wir keinen einzigen Mann verloren. Es war jedoch unmöglich auf diese Weise sehr nahe an sie heranzukommen, und ich hielt es für das Beste einen Überraschungsangriff gegen sie zu unternehmen.

Seit ein Uhr nachmittags hatten wir ständig gekämpft und da wir sahen, daß wir auf diese Weise nicht viel weiterkamen, gab ich ungefähr um die Mitte des Nachmittags herum das Signal für den Vormarsch. Der Kriegsschrei erklang und wir stürzten hinter den Felsen hervor, über die toten Pferde der Mexikaner hinweg und kämpften Mann gegen Mann. Der Angriff kam so überraschend, daß wir die verwirrten Mexikaner, die einmal hierhin, einmal dorthin rannten, in wenigen Minuten getötet hatten. Wir skalpierten die Getöteten, trugen unsere Toten fort und brachten alle Waffen, die wir brauchten, in Sicherheit. Noch in derselben Nacht zogen wir ostwärts durch die Sierra Madre Berge und schlugen unser Lager in Chihuahua auf. Hier wurden wir von keinen Truppen belästigt. Nach einem weiteren Jahr kehrten wir nach Arizona zurück.

Fast jedes Jahr lebten wir einen Teil des Jahres in Alt-Mexiko. Zu dieser Zeit gab es in Arizona schon sehr viele Siedlungen und das Wild war nicht zahlreich. Außerdem gingen wir immer wieder gerne nach Alt-Mexiko. Darüberhinaus erstreckte sich das Land der Nedni-Apachen, unserer Freunde und Blutsverwandten weit nach Mexiko hinein. Whoa, ihr Häuptling, war wie ein Bruder für mich und wir lebten oft lange auf seinem Gebiet.

Um das Jahr 1880 herum hatten wir unser Lager in den Bergen südlich von Casa Grande, als uns eine Kompanie mexikanischer Truppen angriff. 24 Mexikaner kämpften gegen etwa 40 Indianer. Sie überraschten uns in unserem Lager und töteten zwei Krieger, als sie ihre erste Salve auf uns abfeuerten. Ich habe keine Ahnung, wie es ihnen möglich gewesen war unser Lager zu finden, es sei denn, sie hatten ausgezeichnete Kundschafter und unsere Wachen waren zu unachtsam. Auf jeden Fall schossen sie auf uns noch ehe wir bemerkten, daß sie in der Nähe waren. Wir befanden uns im Wald und ich gab den Befehl vorzurücken und aus kurzer Entfernung zu kämpfen. Wir hielten uns hinter Felsen und Bäumen verborgen, bis wir auf 10 Yards an ihre Linie herangekommen waren. Dann standen wir auf und beide Seiten schossen, bis alle Mexikaner getötet waren. Wir verloren in dieser Schlacht 12 Krieger.

Dieser Ort wurde von den Indianern "Sko-la-ta" genannt. Als wir unsere Toten begraben und die Vorräte der Mexikaner sichergestellt hatten, zogen wir nordostwärts. Nahe Nacori überfielen uns wiederum mexikanische Truppen. An dieser Stelle, die wir "Nokode" nennen, waren in etwa 80 Bedonkohe- und Nedni-Apachen versammelt. Wir sahen uns drei Kompanien mexikanischer Truppen gegenüber. Sie griffen uns auf offenem Gelände an. Wir verstreuten uns und schossen im Laufen. Sie verfolgten uns, aber wir verteilten und entzogen uns bald ihrer Verfolgung, worauf wir uns wieder in den Sierra Madre Bergen versammelten. Hier hielten wir Rat und da von vielen Seiten mexikanische Truppen auftauchten, lösten wir uns auf.

11

GERONIMOS GRÖSSTE SCHLACHT

Nach dem Verrat und dem Massaker bei Casa Grande schlossen wir uns für längere Zeit nicht mehr zusammen und als wir es wieder taten, gingen wir nach Arizona zurück. Dort blieben wir einige Zeit und lebten auf dem San Carlos Reservat an einem Ort, der heute Geronimo genannt wird. 1883 machten wir uns wieder nach Mexiko auf. 14 Monate lang blieben wir in den Bergzügen von Mexiko und hatten während dieser Zeit mehrere Scharmützel mit mexikanischen Truppen. Im darauffolgenden Jahr kehrten wir nach Arizona zurück, um andere Apachen dazu zu bringen, mit uns nach Mexiko zu gehen. Die Mexikaner hatten in den Bergen, in denen wir uns aufhielten, Truppen zusammengezogen. Ihre Anzahl war so viel größer als die unsrige, daß wir nicht auf einen erfolgreichen Kampf gegen sie hoffen konnten, und wir waren es auch leid von einem Ort zum anderen herumgejagt zu werden.

In Arizona bekamen wir Schwierigkeiten mit den Soldaten der Vereinigten Staaten und es ging zurück nach Mexiko.

Wir hatten in Arizona ungefähr 14 Krieger verloren aber keine Neulinge hinzugewonnen. Solchermaßen geschwächt errichteten wir unser Lager in den Bergen nördlich von Arispe. In mehreren Richtungen entdeckten unsere Kundschafter mexikanische Truppen. Truppen der Vereinigten Staaten kamen vom Norden herunter. Wir waren zwar mit guten Waffen ausgerüstet und hatten genügend Munition, aber wir hatten keine große Lust von Truppen zweier Regierungen eingeschlossen zu sein, deshalb verlegten wir unser Lager nach Süden.

Eines Nachts lagerten wir in einiger Entfernung von den Bergen an einem Fluß. Dieser führte nicht sehr viel Wasser, aber er hatte einen tiefen Kanal durch die Prärie gezogen. Kleine Bäume begannen hier und dort entlang der Uferböschung zu wachsen.

In jenen Tagen stellten wir immer Späher auf, denn wir wußten, daß wir in der Gefahr schwebten, jederzeit angegriffen werden zu können. In der Morgendämmerung kamen unsere Späher zurück, weckten das ganze Lager auf und meldeten uns anrückende mexikanische Truppen. Innerhalb von fünf Minuten begannen diese auf uns zu schießen. Wir eilten zu den Gräben, die der Fluß ausgewaschen hatte und veranlassten die Frauen und Kinder diese noch zu vertiefen. Ich gab strengste Anweisung keine Munition zu verschwenden und in Deckung zu bleiben. An diesem Tag töteten wir viele Mexikaner und hatten selbst auch schwere Verluste hinnehmen müssen, denn der Kampf hatte den ganzen Tag angedauert. Öfters versuchten Truppen an einer Stelle vorzustürmen, wurden zurückgeworfen, ordneten sich wieder und griffen an einem anderen Punkt an.

Gegen Mittag konnten wir sie hören, wie sie meinen Namen verfluchten. Im Laufe des Nachmittags erschien der General auf dem Schlachtfeld und der Kampf wurde noch heftiger. Ich gab meinen Kriegern den Befehl, wenn möglich alle mexikanischen Offiziere zu töten. Etwa um drei Uhr rief der General seine Offiziere zusammen. Die Stelle - auf der rechten Seite des Feldes gelegen - war nicht sehr weit vom Hauptstrom entfernt. Ein kleiner Graben verlief dorthin, wo die Offiziere standen. Vorsichtig kroch ich den Graben entlang, ganz nahe zu der Stelle, wo die Beratung abgehalten wurde. Der General war ein alter Krieger. Da der Wind in meine Richtung blies, konnte ich alles hören und das meiste von dem verstehen, was er sagte.* Dies ist in etwa der Wortlaut: "Offiziere, dort unten in diesen Gräben ist der rote Teu-

* Geronimo besitzt eine gute Kenntnis der spanischen Sprache.

fel Geronimo und seine verhaßte Bande. Heute muß sein letzter Tag sein. Greifen Sie ihn von beiden Seiten der Gräben an; töten Sie Männer, Frauen und Kinder; keine Gefangenen; wir brauchen tote Indianer. Schonen Sie nicht Ihre eigenen Leute; rotten Sie diese Bande aus, koste es was es wolle; ich werde die Verwundeten postieren lassen, damit sie alle Deserteure erschießen; gehen Sie nun zu Ihren Kompanien zurück und bereiten Sie den Ansturm vor."

Gerade in diesem Moment, als er den Befehl zum Angriff gegeben hatte, zielte ich überlegt auf den General und er fiel. In Sekundenschnelle war der Boden um mich herum von Kugeln durchsiebt; aber ich blieb unverwundet. Die Apachen hatten alles beobachtet. Von allen Seiten der Gräben erklang der wilde Kriegsschrei meiner Leute. Die Schlachtreihen wankten für einen Augenblick, fingen sich dann aber wieder. Sie zogen sich erst zurück, als unser Feuer die vorderen Reihen niedergemacht hatte.

Obwohl sie jetzt nicht mehr so erbittert kämpften, ordneten sie sich bis zur Dunkelheit immer wieder und rückten wiederholt vor. Sie hörten auch nicht auf, mir zu drohen und mich zu verfluchen. Noch bevor in dieser Nacht das Feuer eingestellt wurde, war ein Dutzend Indianer aus den Gräben gekrochen und hatte das hohe Präriegras hinter den mexikanischen Truppen in Brand gesteckt. Während des darauffolgenden Durcheinanders entkamen wir in die Berge.

Das war die letzte Schlacht, die ich je gegen die Mexikaner schlug. U.S.-Truppen verfolgten uns von nun an ständig bis der Vertrag mit General Miles in Skeleton Canyon geschlossen wurde.

Während meiner vielen Kriege mit den Mexikanern wurden mir acht, nachstehend aufgezählte Wunden zugefügt: ein Schuß in den rechten Schenkel oberhalb des Knies, in dem die Kugel noch immer steckt; ein Durchschuß durch den linken Unterarm; eine Wunde am rechten Schenkel unterhalb des Knies, die von einem Säbel herrührt; eine Verwundung auf dem Kopf durch einen Flintenknauf; ein Streifschuß unterhalb des linken äußeren Augenwinkels; ein Schuß in die linke Seite und ein Schuß in den Rücken. Ich habe viele Mexikaner getötet. Ich weiß nicht wieviele, denn oft zählte ich sie gar nicht. Einige von ihnen waren es nicht wert, gezählt zu werden.

Das ist lange her, aber ich mag die Mexikaner immer noch nicht. Mir gegenüber waren sie immer verräterisch und böse. Ich bin jetzt alt und werde nie mehr auf den Kriegspfad gehen, aber wenn ich jung wäre und auf den Kriegspfad ginge, würde er mich nach Old Mexico führen.

TEIL 3

DIE WEISSEN

12

BEGEGNUNG MIT DEN WEISSEN

Ungefähr um die Zeit des Massakers von "Kaskiyeh" (1858) hörten wir, daß ein paar weiße Männer das Land südlich von uns vermaßen. In Begleitung einiger Krieger machte ich mich auf, sie zu besuchen. Wir konnten sie nicht sehr gut verstehen, da wir keinen Übersetzer dabei hatten, aber wir machten einen Vertrag mit ihnen, indem wir uns gegenseitig die Hände schüttelten und versprachen Brüder zu sein. Wir schlugen in ihrer Nähe unser Lager auf und sie kamen um mit uns zu handeln. Wir gaben ihnen Wildleder, Decken und Ponies gegen Hemden und Lebensmittel. Wir brachten ihnen auch Wild, wofür sie uns etwas Geld gaben. Wir kannten den Wert dieses Geldes nicht, aber wir behielten es. Später erfuhren wir von Navajo Indianern, daß es sehr wertvoll war.

Tagtäglich vermaßen sie das Land mit eigenartigen Instrumenten und machten Markierungen, die wir nicht verstehen konnten. Es waren keine Soldaten. Sie waren die ersten weißen Menschen, die ich jemals gesehen hatte.

Etwa 10 Jahre später kamen weitere weiße Leute. Diese waren alle Krieger. Nahe dem Gila River südlich von Hot Springs schlugen sie ihr Lager auf. Zuerst waren sie sehr freundlich und wir hatten nichts gegen sie, aber sie waren nicht so gut, wie jene, die wir das erste Mal getroffen hatten.

Nach ungefähr einem Jahr gab es Schwierigkeiten zwischen ihnen und den Indianern und ich ging als Krieger auf den Kriegspfad, nicht als Häuptling.* Mir war kein Unrecht geschehen, aber einigen meiner Leute und deshalb kämpfte ich mit meinem Stamm, da die Soldaten und nicht die Indianer schuld hatten.

Nicht lange nach diesem Vorfall wurden unsere Häuptlinge von Offizieren der U.S.-Truppen zu einer Unterredung am Apache Pass (Fort Bowie) eingeladen. Kurz vor Mittag wurden die Indianer in ein Zelt geführt und es wurde ihnen gesagt, daß sie etwas zu essen bekommen würden. Als sie sich im Zelt befanden, wurden sie von Soldaten angegriffen. Unser Häuptling, Mangus-Colorado, und mehrere andere Krieger entkamen, indem sie die Zeltwände aufschlitzten; die meisten Krieger wurden aber getötet oder gefangengenommen.** Von den Bedonkohe Apachen wurden Sanza, Kladetahe, Niyokahe und Gopi getötet. Nach diesem Hinterhalt zogen sich die Indianer in die Berge zurück und ließen das Fort vollkommen allein. Ich glaube nicht, daß der Unterhändler irgendetwas damit zu tun hatte, da er uns immer gut behandelte. Ich glaube, daß einzig und allein die Soldaten hinter der Sache steckten.

Von Anfang an fügten die Soldaten, die in unser westliches Land ausgeschickt wurden, und die Offiziere an ihrer Spitze, den Indianern ohne Skrupel Unrecht zu. Sie erklärten der Regierung niemals, wenn einem Indianer Unrecht widerfuhr, aber sie berichteten alle Missetaten der Indianer. Vieles was von niederträchtigen Weißen getan worden war, wurde uns in die Schuhe geschoben und in

* Als Stamm kämpften sie unter dem Stammeshäuptling Mangus-Colorado. Wenn mehrere Stämme aufgerufen worden wären, hätte der Kriegshäuptling, Geronimo, das Kommando gehabt.

** Im Zusammenhang mit diesem Angriff schreibt Mr. L.C. Hughes, Herausgeber der Zeitung "The Star" in Tucson, Arizona, an den ich mich auf Geheiß von General Miles wandte, folgendes: "Es scheint, daß Cochise und sein Stamm für längere Zeit auf dem Kriegspfad gewesen waren, und daß er mit Unterhäuptlingen in das Militärlager bei Bowie gebracht wurde mit dem Versprechen, einen Friedensvertrag auszuhandeln. Sie wurden in ein großes Zelt geführt, wo man ihnen Handschellen anlegen wollte. Cochise schnitt, als er das sah, die Zeltwand auf und floh in die Berge; in weniger als 6 Stunden hatte er das Lager mit 300 bis 500 Kriegern umzingelt, aber die Soldaten weigerten sich zu kämpfen."

dieser Form nach Washington gemeldet.

Die Indianer versuchten immer in Frieden mit den weißen Soldaten und Siedlern zu leben. Eines Tages, während der Zeit, als die Soldaten am Apache Pass stationiert waren, schloß ich einen Vertrag mit dem Stützpunkt. Dies geschah durch Handschlag und dem Versprechen, Brüder zu sein. Cochise und Mangus-Colorado taten dasselbe. Ich weiß den Namen des kommandierenden Offiziers nicht mehr, aber es handelte sich um das Regiment, das erstmals zum Apache-Pass gekommen war. Dieser Vertrag wurde ungefähr ein Jahr vor dem besagten Überfall auf uns geschlossen. Wenige Tage nach dem Überfall am Apache Pass sammelten wir uns in den Bergen und kehrten zurück, um gegen die Soldaten zu kämpfen. Es waren zwei Stämme, die Bedonkohe- und die Chokonen-Apachen, beide von Cochise befehligt. Nach einem wenige Tage dauernden Geplänkel überfielen wir einen Frachtzug mit Lebensmittelvorräten, die für das Fort bestimmt waren. Wir töteten einige der Männer und nahmen die restlichen gefangen. Diese Gefangenen bot unser Häuptling zum Austausch für die Indianer an, die die Soldaten bei dem Massaker im Zelt gefangengenommen hatten. Die Offiziere weigerten sich jedoch dies zu tun. Daraufhin töteten wir unsere Gefangenen, lösten uns auf und gingen in die Berge, um uns zu verbergen. Von jenen, die bei diesem Ereignis dabeiwaren, bin ich der einzige Überlebende.

Innerhalb weniger Tage wurden Truppen ausgeschickt, die nach uns suchen sollten, aber da wir uns zerstreut hatten, war es ihnen natürlich unmöglich ein feindliches Lager ausfindig zu machen. Während sie nach uns suchten sprachen viele unserer Krieger, von denen die Soldaten glaubten, daß sie friedliche Indianer wären, mit den Offizieren und Männern und gaben ihnen Hinweise, wo sie das Lager, das sie suchten, finden könnten. Wir beobachteten sie auf ihrer Suche von unseren Verstecken aus und lachten über ihre Fehlschläge.

Nach diesen Scherereien waren sich alle Indianer darüber einig, dem weißen Mann nicht mehr freundlich zu begegnen. Es fand kein großangelegtes Gefecht mehr statt, aber es gab in der Folgezeit Angriffe von beiden Seiten. Einmal wurden ein paar Indianer getötet und ein ander Mal ein paar Soldaten. Ich glaube, daß auf beiden Seiten in etwa gleich viele getötet wurden. Die Anzahl der Getöteten bei diesen kleineren Zusammenstößen war nicht sehr hoch.

Aber der Verrat, begangen von den Soldaten, hatte die Indianer verärgert und böse Erinnerungen wiederaufleben lassen, so daß wir den U.S.-Truppen nie wieder vertrauten.

13

DIE GRÖSSTE ALLER UNGERECHTIGKEITEN

Vielleicht das größte Unrecht, das unserem Stamm jemals zugefügt wurde, war die Art und Weise wie wir im Jahre 1863 von U.S.-Truppen behandelt wurden. Der Häuptling unseres Stammes, Mangus-Colorado, war bereit einen Friedensvertrag mit den Siedlern am Apache Tejo, New Mexiko, abzuschließen. Es war uns berichtet worden, daß die weißen Menschen dieser Siedlung freundlicher und verlässlicher waren als jene in Arizona und daß sie ihre Verträge einhalten und den Indianern kein Unrecht zufügen würden.

Mangus-Colorado ging mit drei weiteren Kriegern zum Apache Tejo und hielt mit den dortigen Bürgern und Soldaten eine Ratsversammlung ab. Sie erzählten ihm, daß sie ihm, wenn er mit seinem Stamm kommen und in ihrer Nähe leben würde, Decken, Mehl, Proviant, Rindfleisch und alle nur erdenklichen Arten von Vorräten von der Regierung austeilen würden. Unser Häuptling versprach innerhalb der nächsten zwei Wochen zum Apache Tejo zurückzukehren. Als er in unserem Dorf eintraf, berief er den ganzen Stamm zu einer Ratsversammlung ein. Ich glaubte nicht, daß die Leute am Apache Tejo einhalten würden, was sie versprochen hatten und war deshalb gegen den Plan. Es wurde aber beschlossen, daß ein Teil des Stammes mit Mangus-Colorado zum Apache-Tejo zurückkehren solle, um die Ausgabe von Rationen und Vorräten in Empfang zu nehmen. Falls diese den Erwartungen entsprachen und wenn die Weißen den Vertrag getreu einhielten, würden sich die Zurückgebliebenen des Stammes zu ihm gesellen und wir würden unser ständiges Lager am Apache Tejo aufschlagen. Ich sollte der Verantwortliche für den Teil des Stammes sein, der in Arizona zurückblieb. Fast alle unsere Waffen und Munition gaben wir den Aufbrechenden mit, so daß sie im Falle eines Verrats auf alle Überraschungen vorbereitet waren. Mangus-Colorado zog mit der Hälfte des Stammes nach New Mexico, froh, endlich weiße Leute gefunden zu haben, die freundlich gesinnt waren und mit denen sie in Frieden und Überfluß leben konnten.

Wir hörten nie mehr etwas von ihnen. Von anderer Seite vernahmen wir jedoch, daß sie auf verräterische Weise gefangengenommen und ermordet worden waren. In dieser Notlage wußten wir nicht recht, was zu tun sei. Da wir aber befürchteten, daß die Truppen, die sie gefangengenommen hatten, auch uns angreifen würden, zogen wir uns in die Berge nahe dem Apache Pass zurück.

In den Wochen, die dem Aufbruch unserer Leute folgten, waren wir voller Ungewißheit und da es nicht gelang, uns mit weiteren Lebensmitteln zu versorgen, hatten wir alle unsere Vorratslager aufgebraucht. Dies war ein weiterer Grund das Lager zu verlegen. Als wir auf diesem Rückzug durch ein Gebirge zogen, entdeckten wir vier Männer mit einer Rinderherde. Zwei der Männer waren vorne auf einem Wagen, die beiden anderen ritten dahinter. Wir töteten alle vier, skalpierten sie aber nicht; es waren keine Krieger. Wir trieben die Rinder in die Berge zurück, lagerten und begannen sie zu töten und das Fleisch zu verstauen.

Noch ehe wir diese Arbeit abschließen konnten, wurden wir von U.S.-Truppen überrascht und angegriffen. Sie töteten insgesamt sieben von uns – einen Krieger, drei Frauen und drei Kinder. Die Regierungstruppen waren zu Pferde genauso wie wir, aber da wir nahezu alle unsere Waffen der Abteilung unseres Stammes mitgegeben hatten, die nach Apache Tejo gegangen war, waren wir sehr schlecht bewaffnet und mußten hauptsächlich mit Speeren und Pfeil und Bogen kämpfen. Zuerst hatte ich einen Speer, einen Bogen und ein paar Pfeile ; innerhalb kurzer Zeit aber hatte ich keinen Speer mehr und die Pfeile waren auch verbraucht. Einmal war ich umzingelt, indem ich aber von einer Seite meines rennenden Pferdes auf die andere wechselte und so immer wieder ausweichen konnte, entkam ich. Während dieses Kampfes mußten viele Krieger ihre Pferde zurück lassen und zu Fuß entkommen. Mein Pferd hatte ich jedoch darauf abgerichtet auf meinen Ruf hin herbeizukommen, und sobald ich wieder ein sicheres Tempo einschlagen konnte, ohne verfolgt zu werden, wollte ich es zu mir rufen.* Im Laufe dieser Schlacht zerstreuten wir uns in alle Richtungen. Zwei Tage später versammelten wir uns an dem verabredeten Platz wieder, ungefähr fünfzig Meilen vom Schauplatz dieses Kampfes entfernt.

Zehn Tage später wurden wir bei Sonnenaufgang in unserem neuen Lager von denselben U.S.-Truppen angegriffen. Das Gefecht dauerte den ganzen Tag an, gegen zehn Uhr hatten wir aber schon keine Pfeile und Speere mehr. Für den Rest des Tages hatten wir nur noch Steine und Keulen zum kämpfen. Mit diesen Waffen konnten wir wenig ausrichten und wir verlegten nachts unser Lager vier Meilen zurück in die Berge, wohin die Kavallerie schwer folgen könnte. Am nächsten Tag meldeten uns unsere Späher, die wir zur Beobachtung der Soldaten zurückgelassen hatten, daß die Truppen in Richtung des San Carlos Reservats umgedreht hätten.

Ein paar Tage danach wurden wir wiederum, diesmal aber von einer anderen Kompanie U.S.-Truppen, angegriffen. Kurz zuvor hatte sich uns eine Gruppe von Chokonen-Apachen unter Cochise angeschlossen. Dieser übernahm die Führung beider Divisionen. Wir wurden zurückgeschlagen und beschlossen uns zu trennen.

Unser Stamm der Bedonkohe-Apachen versammelte sich wieder in der Nähe des alten Lagers und wartete vergebens auf die Rückkehr von Mangus-Colorado und unserer Blutsbrüder. Es gab keine Neuigkeiten, außer daß sie auf heimtückische Weise ermordet worden waren.** Ein Stammesrat wurde abgehalten und da angenommen wurde, daß Mangus-Colorado tot war, wurde ich

* Geronimo ruft seine Pferde auf dem Fort Sill Reservat oft zu sich. Dabei stößt er nur einen schrillen Ton aus und sie kommen in vollem Galopp herbei.

** In Bezug auf die Ermordung von Mangus-Colorado schreibt L.C. Hughes in Tucson, Arizona im "Star" das folgende: "Es war noch früh im Jahr 1863, als General West und seine Truppen in der Nähe von Membras lagerten. Er schickte Jack Swilling, einen Kundschafter aus, um Mangus herbeizuholen, der seit der Zeit des Vorfalls mit Cochise in Bowie auf zum Stammeshäuptling gewählt.

Lange Zeit bekamen wir mit niemandem Schwierigkeiten. Es war etwas länger her als ein Jahr, daß ich zum Stammeshäuptling gewählt worden war, als uns U.S.-Truppen überraschend angriffen. Sie töteten sieben Kinder, fünf Frauen und vier Krieger, erbeuteten alle unsere Vorräte, Decken, Pferde und Kleidung und zerstörten unsere Tepees. Uns war nichts übriggebleiben. Der Winter stand vor der Tür, und es war der kälteste Winter, an den ich mich erinnern konnte. Als sich die Truppen zurückzogen, suchte ich drei Krieger aus und folgte ihnen. Ihre Fährte führte zurück nach San Carlos.

dem Kriegspfad gewesen war. Der alte Häuptling war immer für Frieden und nahm das Angebot erleichtert an. Als er im Lager erschien, befahl General West ihn in das Wachhaus zu bringen, in dem es nur eine kleine Öffnung nach hinten gab und nur ein kleines Fenster. Als der alte Häuptling eintrat, sagte er: " Dies ist mein Ende. Ich werde nie mehr in den Bergen und Tälern meines Volkes auf die Jagd gehen." Er spürte, daß er einem Meuchelmord zum Opfer fallen würde. Den Wachen war der Befehl gegeben worden auf ihn zu schießen, falls er versuchen sollte, zu entkommen. Er legte sich nieder um zu schlafen, aber während der Nacht warf jemand einen großen Stein auf ihn, der ihn auf der Brust traf. Er sprang auf und die Wachen glaubten, daß er in seinem Delirium versuchen würde zu entkommen, und mehrere schossen auf ihn. Dies war das Ende von Mangus.

Sein Kopf wurde von einem Chirurgen vom Körper abgetrennt und das Gehirn herausgenommen und gewogen. Der Kopf war größer als der von Daniel Webster und das Gehirn war von vergleichbarem Gewicht. Der Schädel wurde nach Washington geschickt und befindet sich jetzt in einer Ausstellung des Smithsonian Instituts."

14

WECHSELNDE AUFENTHALTE

Als wir von der Verfolgung der Regierungstruppen zurückkehrten, bemerkten wir zwei Männer, einen Mexikaner und einen Weißen. Diese schossen wir von den Pferden, mit denen wir zu unserem Lager ritten, das wir bald verlegten. Mein Volk litt sehr und wir hielten es für ratsam dorthin zu gehen, wo wir eher Vorräte bekommen konnten. Damals war das Wild in unserem Gebiet knapp geworden und seit ich Stammeshäuptling geworden war, hatte ich bei der Regierung nicht um Lebensmittelrationen ersucht, hatte es auch nicht vor. Auf der anderen Seite wollten wir natürlich auch nicht verhungern.

Uns war zu Ohren gekommen, daß Viktoria, der Häuptling der Chihenne-(Oje Caliente) Apachen mit den Weißen nahe Hot Springs eine Versammlung abhielt und daß er auch viele Vorräte hatte. Schon immer standen wir auf gutem Fuß mit diesem Stamm und Viktoria war meinen Leuten besonders gut gesonnen. Mit Hilfe der beiden erbeuteten Pferde, auf denen wir unsere Verwundeten transportierten, machten wir uns auf nach Hot Springs. Es war ein leichtes Viktoria und seine Gruppe zu finden. Sie versahen uns mit allen möglichen Gütern für den Winter. Wir blieben fast ein Jahr bei ihnen und lebten in vollkommenem Frieden. Wir hatten mit Mexikanern, Weißen oder Indianern nicht die geringsten Schwierigkeiten. Wir blieben nur solange es nötig war und als wir wieder genug Vorräte angesammelt hatten, beschlossen wir, Viktorias Gruppe zu verlassen. Als ich ihm das mitteilte, meinte er, daß wir ein Fest abhalten sollten, bevor wir uns trennten.

Dieses Fest fand zwei Meilen oberhalb von Hot Springs statt und dauerte vier Tage. Mehr als vierhundert Indianer waren zu der Feier erschienen. Ich glaube nicht, daß wir jemals eine angenehmere Zeit als bei diesem Anlaß verbrachten. Niemals wurde unser Stamm so freundlich behandelt wie von Viktoria und seinen Leuten. Noch immer sind wir stolz darauf, daß wir ihn und sein Volk zu unseren Freunden zählen durften.

Wir gingen zum Apache Pass (Fort Bowie). Dort schloß ich einen Vertrag mit General Howard, der zu dieser Zeit das Kommando innehatte.* Dieser Vertrag hielt noch lange, nachdem General Howard unser Land verlassen hatte. Er stand immer zu seinem Wort und behandelte uns als Brüder. Unter den Offizieren der Vereinigten Staaten kannten wir keinen besseren Freund als General Howard. Mit ihm hätten wir für immer in Frieden leben können. Wenn es überhaupt einen redlichen und aufrichtigen weißen Mann in der U.S.-Armee gibt, dann General Howard. Alle Indianer schätzten ihn und sogar noch heute kann man sie des öfteren über die glücklichen Zeiten sprechen hören, als General Howard Kommandeur des Forts war. Als er wegging, setzte er am Apache Pass einen Vertreter ein, der uns auf General Howards Anweisungen hin Kleidung, Lebensmittelrationen und andere Vorräte von der Regierung aushändigte. Wurde Fleisch an Indianer ausgegeben, dann erhielt ich zwölf Ochsen für meinen Stamm. Dieselbe Anzahl bekam auch Cochise. Einmal pro Monat fand diese Ausgabe statt, aber wenn die Zuwendungen knapp wurden, brauchten wir nur um weitere Vorräte zu ersuchen. Jetzt als Kriegsgefangene, erhalten wir nicht mehr so gute Vorräte.**

* General O.O. Howard war nicht Kommandeur des Forts. Er wurde 1872 von Präsident Grant dorthin geschickt um mit den Apache Indianern Frieden zu schließen. Der General schrieb mir am 12. Juni 1906 aus Burlington, Vermont, daß er sich an den Vertrag erinnere. Mit Befriedigung erinnere er sich auch an das Zusammentreffen mit Geronimo.

Etwas entfernt gelegen vom Apache Pass, führte draußen in der Prärie ein Mann einen Laden und einen Saloon. Einige Zeit, nachdem General Howard fort war, tötete eine Gruppe von ausgestoßenen Indianern diesen Mann und stahl fast alle seine Lagerbestände. Gleich am darauffolgenden Tag betranken sich ein paar Indianer auf dem Fort mit "Tiswin", den sie aus Mais gebraut hatten. Es dauerte nicht lange, da kämpften sie untereinander und vier wurden dabei getötet. Schon seit längerer Zeit war es unter ihnen zu Streitigkeiten und Fehden gekommen. Nach diesem Vorfall erschien es uns unmöglich, die unterschiedlichen Gruppierungen in Frieden zusammenzuhalten. Aus diesem Grunde trennten wir uns und jeder Häuptling nahm sich seiner Gruppe an. Einige von ihnen gingen nach San Carlos, wieder andere zogen nach Old Mexico. Ich ging mit meinem Stamm nach Hot Springs zurück und schloß mich wiederum Viktorias Gruppe an.

** Im Gegensatz zu früher erhalten sie jetzt nicht die vollen Rationen .

15

IM GEFÄNGNIS UND AUF DEM KRIEGSPFAD

Bald nachdem wir in New Mexico angelangt waren, wurden zwei Kompanien Kundschafter von San Carlos losgeschickt. Als sie in Hot Springs ankamen, übermittelten sie Victoria und mir die Nachricht, in die Stadt zu kommen. Die Boten sagten nicht, was sie von uns wollten, aber da sie uns freundlich vorkamen, glaubten wir, daß sie eine Versammlung abhalten wollten und so ritten wir hin, um mit den Offizieren zusammenzutreffen. Sobald wir aber die Stadt erreichten, entwaffneten uns Soldaten und brachten uns beide zum Hauptquartier, wo wir vor das Militärgericht gestellt wurden. Sie stellten uns nur wenige Fragen, woraufhin Victoria freigelassen, ich aber zu Arrest verurteilt wurde. Kundschafter führten mich zum Wachhaus und legten mich in Ketten. Als ich sie nach dem Grund fragte, warum sie dies taten, sagten sie, weil ich den Apache Pass verlassen hätte.

Ich glaube nicht, daß ich jemals zu diesen Soldaten am Apache Pass gehörte oder daß ich sie um Erlaubnis hätte bitten sollen, wohin ich gehen dürfe. Unsere Gruppierungen konnten einfach nicht länger in Frieden zusammenleben und deshalb hatten wir uns stillschweigend zurückgezogen, um mit Victorias Leuten zu leben, bei denen wir nicht belästigt zu werden glaubten. Mit mir wurden sieben weitere Apachen verurteilt und im Wachhaus in Ketten gelegt.

Ich habe keine Ahnung, warum das geschah, da diese Indianer mir nur vom Apache Pass nach Hot Springs gefolgt waren. Wenn es von uns unrecht war (und ich glaube es nicht), nach Hot Springs zu gehen, dann konnte man das nur mir zum Vorwurf machen. Sie fragten die verantwortlichen Soldaten, warum sie eingesperrt und angekettet würden, erhielten jedoch keinerlei Antwort.

Während der vier Monate, in denen ich in Gefangenschaft gehalten wurde, überführten sie mich nach San Carlos. Dort fand – so glaube ich zumindest – ein weiterer Prozeß statt, obwohl ich dabei nicht anwesend war. Das heißt, ich weiß eigentlich nicht, ob es noch einen Prozeß gab, bekam dies aber so gesagt. Jedenfalls wurde ich freigelassen.

Nach diesem Vorfall gab es keinerlei Schwierigkeiten mehr mit den Soldaten, aber ich fühlte mich auf dem Stützpunkt nicht mehr wohl. Wir hatten die Erlaubnis erhalten, an einem Ort oberhalb von San Carlos zu leben, der jetzt Geronimo heißt. Ein Mann, den die Indianer "Nick Golee" nannten, war dort Bevollmächtigter. Zwei Jahre lang ging alles gut, aber wir waren nicht zufrieden.

Im Sommer des Jahres 1883 ging das Gerücht um, daß die Offiziere wiederum planten, unsere Führer einzusperren. Dieses Gerücht genügte, um die Erinnerungen an all das alte Unrecht wachzurufen: das Massaker im Zelt am Apache Pass, das Schicksal von Mangus-Colorado und meine eigene ungerechte Gefangenschaft, die gut und gern auch meinen Tod hätte bedeuten können. Ausgerechnet da erhielten wir Nachricht von den Offizieren, daß wir flußaufwärts oberhalb von Geronimo zu einem Fort (Fort Thomas) kommen sollten, um einen Rat abzuhalten. Wir glaubten nicht, daß irgendetwas Gutes bei dieser Konferenz herauskommen würde oder daß es einen triftigen Grund dafür gegeben hätte: Deshalb hielten wir selbst Rat und beschlossen, da wir Verrat befürchteten, das Reservat zu verlassen. Wir erachteten es für männlicher auf dem Kriegspfad zu sterben, als im Gefängnis ermordet zu werden.

Alles in allem waren wir ungefähr 250 Indianer, hauptsächlich Bedonkohe- und Nedni-Apachen. Whoa und ich waren die Anführer. Wir zogen durch den Apache-Pass, wo wir genau westlich davon einen Kampf mit den U.S. Truppen ausfochten. In dieser Schlacht töteten wir ohne eigene Verluste drei Soldaten.

Wir zogen nach Old Mexico weiter. Am zweiten Tag aber überholten uns nachmittags gegen drei Uhr U.S. Soldaten, und wir kämpften bis es dunkel wurde. Die Gegend, in der wir angegriffen wurden, war sehr zerklüftet. Ein Vorteil für uns, da die Truppen gezwungen waren abzusteigen, um gegen uns zu kämpfen. Ich weiß nicht, wieviele Soldaten getötet wurden. Wir verloren nur einen Krieger und drei Kinder. Zu dieser Zeit hatten wir genügend Gewehre und Munition. Das meiste davon hatten wir während der Zeit auf dem Reservat angehortet und den Rest von den White Mountain Apachen erworben, als wir das Reservat verließen.

Es folgten uns nun keine Truppen mehr, und so zogen wir weiter nach Süden, bis fast nach Casa Grande, und lagerten in den Sierre de Sahuaripa Bergen. Ein Jahr lang durchstreiften wir die Berge von Old Mexico, dann kehrten wir mit einer Rinderherde und mit Pferden nach San Carlos zurück.

Kaum in San Carlos angekommen, nahm uns der kommandierende Offizier, General Crook, die Pferde und die Rinder weg. Ich sagte ihm, daß dies keine Rinder von weißen Männern wären, sondern uns gehörten, da wir sie den Mexikanern, während der Kämpfe mit ihnen weggenommen hatten. Außerdem erzählte ich ihm, daß wir nicht vorhatten, diese Tiere zu töten, sondern sie behalten und zur Viehzucht auf unserem Gebiet benutzen wollten. Er schenkte mir kein Gehör und nahm uns den Viehbestand weg. Ich zog zum Fort Apache hoch. General Crook befahl seinen Offizieren, Soldaten und Kundschaftern, sich darum zu kümmern, mich zu verhaften. Falls ich Widerstand leistete, sollten sie mich töten.

Diese Nachricht wurde mir von Indianern überbracht. Als ich von dieser Absicht erfuhr, brach ich nach Old Mexico auf. Ungefähr vierhundert Indianer schlossen sich mir an. Es waren Bedonkohe-, Chokonen- und Nedni-Apachen. Whoa war zu jener Zeit bereits tot und Naiche der einzige Häuptling, der außer mir mitkam. Wir erreichten in südlicher Richtung Sonora und schlugen in den dortigen Bergen unser Lager auf. Es folgten uns Truppen, die uns aber nicht angriffen bis wir in den Bergen westlich von Casa Grande wiederum unser Lager aufschlugen. An dieser Stelle wurden wir von Indianern angegriffen, die als Kundschafter für die Regierung arbeiteten. Ein Junge wurde getötet und nahezu alle unsere Frauen und Kinder gefangengenommen.*

Nach dieser Schlacht zogen wir weiter nach Süden, an Casa Gran-

* Auch Geronimos ganze Familie, außer seinem ältesten Sohn, einem Krieger, wurde gefangengenommen.

de vorbei, und lagerten. Innerhalb weniger Tage wurden auch dieses Lager von mexikanischen Soldaten angegriffen. Wir plänkelten den ganzen Tag mit ihnen herum, wobei wir ein paar Mexikaner töteten, erlitten aber selbst keine Verluste.

In dieser Nacht marschierten wir in östlicher Richtung zu den Ausläufern der Sierra Madre Berge, wo wir ein weiteres Lager aufstellten. Mexikanische Truppen waren uns auf den Fersen, und griffen uns wenige Tage später aufs neue an. Dieses Mal besaßen sie eine sehr große Streitmacht, weswegen wir auch ein größeres Gefecht vermieden. Es ist sinnlos zu kämpfen, wenn keine Hoffnung auf einen Sieg besteht.

In derselben Nacht hielten wir Kriegsrat. Unsere Späher hatten uns von Verbänden amerikanischer und mexikanischer Truppen an vielen Stellen der Berge berichtet. Wir schätzten, daß ungefähr zwei Tausend Soldaten diese Berge durchkämmten, um uns gefangen zu nehmen.

General Crook war mit den U.S.-Truppen nach Mexiko gekommen. Sie hielten sich in den Sierra de Antunez Bergen auf. Von Spähern erfuhr ich, daß General Crook mich sehen wollte und ich ging in sein Lager. Als ich dort anlangte, sagte er: "Warum hast du das Reservat verlassen?" Ich entgegnete: "Du hast mir zugestanden, daß ich auf dem Reservat leben dürfte wie die Weißen. Ein Jahr lang pflanzte ich Mais an, erntete und lagerte ihn. Im zweiten Jahr baute ich Hafer an und als das Getreide fast reif zum Ernten war, trugst du deinen Soldaten auf, mich ins Gefängnis zu werfen und mich zu töten falls ich Widerstand leistete. Wenn ihr mich in Ruhe gelassen hättet, wäre ich jetzt in einer guten Lage. Stattdessen jagt ihr und die Mexikaner mich mit Soldaten." Er sagte: "Ich gab niemals solch einen Befehl; die Truppen im Fort Apache, die diese Nachricht verbreiteten, wußten, daß dies unwahr war." Dann willigte ich ein, mit ihm nach San Carlos zurückzukehren.

Es fiel mir damals schwer, ihm Glauben zu schenken. Jetzt weiß ich, daß er gelogen hat, und ich glaube ganz fest, daß er den Befehl gegeben hatte mich ins Gefängnis zu stecken oder mich im Falle, daß ich Widerstand leistete, zu töten.*

* Dies sind Geronimos genaue Worte, für die der Herausgeber, S.M. Barrett, keinerlei Verantwortung übernimmt.

16

DER LETZTE KAMPF

Der ganze Stamm schickte sich an, mit General Crook zurück in die Vereinigten Staaten zu gehen. Ich aber befürchtete Verrat und beschloß in Mexiko zu bleiben. Zu dieser Zeit waren wir völlig unbewacht. Die U.S.-Truppen marschierten vor uns her, die Indianer folgten. Als wir mißtrauisch wurden, drehten wir um. Ich habe keine Ahnung, wie weit die Armee der Vereinigten Staaten mir nachstellte. Einige Krieger kehrten um bevor wir vermißt wurden, aber es machte mir nichts aus.

Ich habe viel unter solch ungerechten Befehlen wie jenen von General Crook gelitten. Derartige Handlungen haben meinem Volk sehr viel Leid gebracht. Ich glaube, daß der Tod von General Crook vom Allmächtigen geschickt wurde, um ihn für die vielen Missetaten zu bestrafen, die er begangen hat.

Bald darauf wurde General Miles Kommandeur aller westlichen Posten. Seine Truppen verfolgten uns ständig. Diese wurden von Hauptmann Lawton angeführt, der sehr gute Späher hatte. Auch die mexikanischen Soldaten wurden aktiver und wurden verstärkt. Beinahe jeden Tag verwickelten sie uns in kleinere Gefechte. Deshalb entschieden wir schließlich, uns in kleinere Gruppen aufzuteilen. Mit sechs Männern und vier Frauen machte ich mich zum Gebirgsgebiet nahe Hot Springs auf. Wir kamen an vielen Rinderfarmen vorbei, hatten jedoch keine Schwierigkeiten mit den Cowboys. Wann immer wir etwas zu Essen benötigten, töteten wir Rinder. Des öfteren litten wir jedoch unter großem Durst. Einmal waren wir zwei Tage und Nächte ohne Wasser, und unsere Pferde starben fast vor Durst. Einige Zeit lagerten wir in den Bergen von New Mexico, dann, als wir dachten, daß die Truppen sich aus Mexico zurückgezogen haben könnten, kehrten wir dorthin zurück. Auf unserer Rückkehr töteten wir jeden Mexikaner, den wir finden konnten, und sei es nur um zu töten. Wir waren davon überzeugt, daß sie die U.S.-Truppen gebeten hatten nach Mexiko zu kommen um uns zu bekämpfen.

Südlich von Casa Grande, in der Nähe eines Ortes, den die Indianer Gosoda nannten, gab es eine Straße, die stadtauswärts führte. Auf dieser Straße wurden von den Mexikanern viele Frachtgüter transportiert. Dort, wo die Straße durch einen Gebirgspass verlief, versteckten wir uns. Immer wenn mexikanische Frachtzüge durchkamen, töteten wir die Leute, eigneten uns alle ihre Vorräte an, die wir haben wollten und zerstörten die restlichen. Wir scherten uns nicht viel um unser Leben, da wir spürten, daß jedermann gegen uns war. Wenn wir in das Reservat zurückgekehrt wären, hätte man uns ins Gefängnis geworfen und getötet; wenn wir in Mexiko blieben, hetzten sie weiterhin Soldaten auf uns; deshalb gaben wir kein Pardon und baten auch um keinen Gefallen.

Nach einiger Zeit verließen wir Gosoda und schlossen uns bald darauf in den Sierra de Antunez Bergen unserem Stamm wieder an.

Im Gegensatz zu unseren Erwartungen hatten die U.S.-Soldaten die Berge von Mexiko nicht verlassen, und bald waren sie uns wieder auf der Spur und lieferten uns beinahe jeden Tag kleinere Gefechte. Vier- oder fünfmal überraschten sie unser Lager. Bei einem dieser Überraschungsangriffe, den sie eines Tages gegen neun Uhr vormittags unternahmen, erbeuteten sie alle unsere Pferde, neunzehn an der Zahl und unseren ganzen Vorrat an getrocknetem Fleisch. Bei diesem Zusammenstoß verloren wir auch drei Krieger. Um die Mitte des Nachmittags desselben Tages griffen wir sie von hinten an, als sie gerade durch die Prärie zogen, und töteten einen Soldaten, verloren aber selbst keinen einzigen. Bei diesem Scharmützel eroberten wir alle unsere Pferde zurück außer dreien, die mir gehörten. Diese drei Pferde waren die besten Reitpferde, die wir besessen hatten.*

Bald darauf schlossen wir einen Vertrag mit den mexikanischen Truppen. Sie erzählten uns, daß die U.S.-Truppen der wahre Grund für diesen Krieg seien und sie sagten zu, nicht mehr gegen uns zu kämpfen, vorausgesetzt wir kehrten in die Vereinigten Staaten zurück. Dem stimmten wir auch zu und setzten unseren Marsch in der Erwartung fort, auch einen Vertrag mit den Soldaten der Vereinigten Staaten machen und nach Arizona zurückkehren zu können. Es schien keinen anderen Weg für uns zu geben.

Kurz darauf teilten uns Kundschafter von Hauptmann Lawtons Truppen mit, daß er einen Vertrag mit uns abschließen wollte. Da ich aber wußte, daß General Miles der Anführer der amerikanischen Truppen war, beschloß ich, mit ihm zu verhandeln.

Auch in der Folgezeit verlagerten wir unser Lager weiter nach Norden, was aber die amerikanischen Truppen auch taten, wobei sie nicht sehr weit von uns entfernt waren, uns jedoch nicht angriffen.

Ich schickte meinen Bruder Porico (White Horse) mit Mr. George Wratton nach Fort Bowie um mit General Miles zu sprechen und ihm zu übermitteln, daß wir den Wunsch hatten nach Arizona zurückzukehren. Noch ehe diese Boten zurückkamen, erschienen zwei indianische Kundschafter: Kayitah, ein Chokonen-Apache und Marteen, ein Nedni-Apache. Sie arbeiteten als Kundschafter für Hauptmann Lawtons Truppen. Sie sagten mir, daß General Miles gekommen war und sie ausgeschickt hatte, um mich zu einem Zusammentreffen zu bitten. Also ging ich zum Lager der U.S.-Truppen, um General Miles zu treffen.

Als ich im Lager ankam ging ich geradewegs zu General Miles und erzählte ihm von dem Unrecht, das mir zugefügt worden war, und daß ich mit meinem Volk in die Vereinigten Staaten zurückkehren wollte, da wir unsere Familien sehen wollten, die gefangengenommen und uns weggenommen worden waren.

General Miles erwiderte: "Der Präsident der Vereinigten Staaten hat mich geschickt, um mit dir zu sprechen. Es hat von

* Captain Lawton berichtet offiziell von demselben Gefecht (siehe auch Seite 78), erwähnt aber nichts von der Rückeroberung der Pferde durch die Apachen.

deinen Schwierigkeiten mit dem weißen Mann gehört und meint, wenn du einem Vertrag zustimmen wirst, braucht es keine Schwierigkeiten mehr zu geben. Geronimo, wenn du einigen wenigen Vertragspunkten zustimmst, wird alles zur Zufriedenheit erledigt."

Auf diese Weise erzählte mir General Miles davon, wie wir Brüder sein könnten. Wir erhoben unsere Hände zum Himmel und versprachen, daß der Vertrag nicht gebrochen würde. Wir schworen, uns gegenseitig kein Unrechts zuzufügen oder gegeneinander böse Absichten zu hegen.

Dann unterhielten wir uns lange, und er sprach davon, was er für mich in Zukunft alles tun würde, wenn ich einem Vertrag zustimmte. Ich glaubte General Miles nicht recht, da mir aber der Präsident der Vereinigten Staaten das Wort gegeben hatte, willigte ich ein, einen Vertrag zu machen und einzuhalten. Dann fragte ich General Miles, wie der Vertrag aussehen würde. Er sagte:* "Ich werde dich unter den Schutz der Regierung nehmen; ich werde dir ein Haus bauen lassen; ich werde dir viel Land zusichern; ich werde dir Rinder, Pferde, Maultiere und Farmwerkzeuge geben. Dir werden Leute zugeteilt, die auf deiner Farm arbeiten. Du persönlich mußt nicht arbeiten. Im Herbst werde ich dir Decken und Kleidung schicken, damit du im Winter nicht unter Kälte leiden mußt.

In dem Land, das ich dir schenken werde, gibt es Bäume, Wasser und Gras in Hülle und Fülle. Du wirst mit deinem Stamm und deiner Familie leben. Wenn du diesem Vertrag zustimmst, sollst du deine Familie innerhalb von fünf Tagen wiedersehen."

Ich entgegnete ihm: "Alle Offiziere, die für die Indianer verantwortlich waren, haben so gesprochen und es klingt wie ein Märchen für mich; ich kann dir kaum glauben."

Er sagte: "Dieses Mal ist es wahr."

Daraufhin sagte ich: "General Miles, ich kenne die Gesetze des weißen Mannes nicht, auch nicht die dieses neuen Landes, in das du mich schicken willst und es könnte passieren, daß ich diese Gesetze breche."

"Solange ich lebe, wirst du nicht verhaftet werden", antwortete er mir.

Daraufhin willigte ich ein, den Vertrag zu machen. (Seit ich

* Der genaue Wortlaut befindet sich im Anhang.

Kriegsgefangener bin, wurde ich zweimal verhaftet und in das Gefängnis gebracht, weil ich Whisky getrunken hatte.)

Wir standen zwischen seinen Soldaten und meinen Kriegern. Auf die Decke vor uns legten wir einen großen Stein. Unser Vertrag wurde durch diesen Stein geschlossen, damit er dauern würde bis der Stein zu Staub zerfiele; auf diese Weise wurde der Vertrag geschlossen, und wir verpflichteten uns mit einem Eid, ihn zu halten.

Ich glaube nicht, daß ich jemals gegen diesen Vertrag verstoßen habe. General Miles hat seine Versprechen jedoch nie erfüllt.*

Als wir den Vertrag aushandelten sagte General Miles zu mir: "Mein Bruder, du fragst dich in Gedanken wie du mich töten kannst, und andere Gedanken an Krieg hegst du auch; ich wünsche, daß du dies aus deinem Geist verbannst und deine Gedanken sich zum Frieden hin wandeln."

Daraufhin stimmte ich zu und gab meine Waffen ab. Ich sprach: "Ich werde nicht mehr auf den Kriegspfad gehen und werde von jetzt an in Frieden leben."

General Miles wischte daraufhin eine Stelle auf dem Boden glatt und sagte: "Deine vergangenen Taten sollen weggewischt sein, so wie ich es hier tue, und du wirst ein neues Leben beginnen."

* Die Kritik an General Miles im vorhergehenden Kapitel stammt von Geronimo, nicht vom Herausgeber.

17

ALS KRIEGSGEFANGENER

Als ich mich der Regierung ergeben hatte, setzten sie mich in die Southern Pacific Eisenbahn und brachten mich nach San Antonio, Texas, wo sie mich in Gewahrsam nahmen, um mich gemäß ihren Gesetzen zu verurteilen.

Innerhalb von vierzig Tagen verfrachteten sie mich von dort nach Fort Pickens (Pensacola) in Florida. Hier mußte ich große Balken sägen. Außer mir waren dort noch mehrere andere Apache-Indianer. Wir mußten alle täglich arbeiten. Fast zwei Jahre lang waren wir an diesem Ort zu Schwerarbeit angestellt, und wir sahen unsere Familien erst im Mai 1887. Diese Behandlung war eine eindeutige Verletzung unseres Vertrags vom Skeleton Canyon.

Danach wurden wir mit unseren Familien nach Vermont, Alabama, geschickt, wo wir fünf Jahre blieben und für die Regierung arbeiteten. Wir hatten kein Eigentum und ich hielt vergeblich Ausschau nach General Miles, damit er mich in das Land schickte, von dem er gesprochen hatte; vergeblich sehnte ich mich nach den Werkzeugen, dem Heim und der Viehzucht, die mir General Miles versprochen hatte.

Während dieser Zeit tötete Fun, einer meiner Krieger, seine

Frau und sich selbst. Ein anderer erschoß zuerst seine Frau und dann sich selbst. Er fiel tot um, seine Frau aber erholte sich und ist heute noch am Leben.

An diesem Ort waren wir nicht gesund, da uns das Klima nicht behagte. So viele unserer Leute starben, daß ich einwilligte, eine meiner Frauen zu der Mescalero-Vertretung in New Mexico gehen zu lassen, um dort zu leben. Diese Trennung ist gemäß unserer Sitten gleichbedeutend mit dem, was die Weißen eine Scheidung nennen. Bald nachdem sie nach Mescalero gegangen war, heiratete sie dort wieder. Sie behielt auch unsere zwei kleinen Kinder, wozu sie das Recht hatte. Die Kinder, Lenna und Robbie, leben noch immer in Mescalero. Lenna ist verheiratet. Ich behielt eine Frau, aber sie ist jetzt tot, und so lebt nur noch unsere Tochter Eva bei mir. Seit meiner Trennung von Lennas Mutter war ich nie mit mehr als einer Frau gleichzeitig verheiratet. Seit dem Tod von Evas Mutter heiratete ich eine weitere Frau (Dezember 1905), aber wir konnten nicht glücklich miteinander werden, und so trennten wir uns wieder. Sie ging zu ihren Leuten zurück - das ist eine Scheidung auf Apache Art.

Damals wie heute beaufsichtigte Georg Wratton die Indianer. Er hatte immer Schwierigkeiten mit den Indianern, weil er sie schlecht behandelte. Eines Tages stach ein betrunkener Indianer mit einem kleinen Messer auf ihn ein. Der verantwortliche Offizier ergriff Partei für Mr. Wratton und schickte den Indianer ins Gefängnis.

Als wir das erste Mal nach Fort Sill kamen, leitete es Hauptmann Scott und er ließ von der Regierung Häuser für uns bauen. Von der Regierung erhielten wir auch Rinder, Schweine, Truthähne und Hühner. Die Indianer gingen mit den Schweinen nicht sehr gut um, da sie nicht wußten wie man sie richtig behandelt. Noch heute halten nicht viele Indianer Schweine. Mit Truthähnen und Hühnern hatten wir mehr Erfolg, aber auch mit ihnen hatten wir nicht so viel Glück wie die Weißen. Den meisten Erfolg hatten wir mit den Rindern und wir züchten sie gerne. Wir besitzen auch ein paar Pferde und auch mit ihnen hatten wir Glück.

In den Angelegenheiten, in denen es um den Verkauf von unserem Schlachtvieh und unserem Getreide ging, entstanden viele Mißverständnisse.* Die Indianer nahmen an, daß die Rinder verkauft und das Geld ihnen gegeben würde, stattdessen aber erhielten sie nur einen Teil des Geldes, und der andere Teil wurde in etwas, was die Offiziere "Apache Fond" nennen, eingezahlt. Seit wir hier sind hatten wir fünf verschiedene Offiziere, die für die indianischen Angelegenheiten verantwortlich waren. Alle fünf regelten die Dinge ähnlich, wobei sie die Apachen nicht zu Rate zogen oder ihnen auch nur irgendetwas erklärten. Es mag sein, daß die Regierung die Offiziere angewiesen hat, dieses Geld aus dem Verkauf der Rinder in einen Apache Fond zu zahlen, da ich mich einmal bei Leutnant Purington beschwerte und ihm sagte, daß ich vorhätte der Regierung zu berichten, daß er einen Teil meines Geldes genommen und in den Apache Fond gesteckt hätte, aber er meinte, es wäre ihm egal, ob ich das täte.**

Vor mehreren Jahren wurde die Verteilung von Kleidung eingestellt. Auch dies mag auf Befehl der Regierung hin geschehen sein, aber die Apachen haben es nicht verstanden.

Wenn es einen Apachen Fond gibt, dann sollte den Indianern eines Tages dieses Geld auch zukommen oder zumindest sollten sie ein Konto darüber haben, denn es ist ihr eigener Verdienst.

Als General Miles zum letzten Mal auf Besuch in Fort Hill war, bat ich, in Anbetracht meines Alters von der Arbeit befreit zu werden. Ich erinnerte mich auch, was General Miles mir in dem Vertrag versprochen hatte und fragte ihn danach. Er sagte, ich bräuchte nicht mehr zu arbeiten, es sei denn, daß ich es wünschte, und seither wurde ich nicht mehr zu irgendeiner Arbeit abkommandiert. Ich habe jedoch seitdem eine Menge gearbeitet, weil ich, obwohl ich alt bin, gerne arbeite und meinem Volk helfe, soviel ich nur kann.***

* Die Indianer haben keine Erlaubnis die Rinder selbst zu verkaufen. Wenn die Rinder zum Verkauf auf dem Markt fertig sind, werden sie von dem verantwortlichen Offizier verkauft. Ein Teil des Geldes bekommen die Indianer, die die Rinder besaßen, und ein Teil wird in einen allgemeinen (Apache) Fond gezahlt. Die Vorräte, Farmwerkzeuge usw. für die Apachen werden aus diesem Fond bezahlt.

** Die Kritik an Leutnant Purington stammt von Geronimo. Der Herausgeber zeichnet nicht verantwortlich dafür, so wie in allen Fällen, in denen einzelne Personen von dem alten Krieger kritisiert werden.

*** Geronimo hilft beim Heumachen und kümmert sich um das Vieh, erhält jedoch keine Befehle vom Aufsichtsbeamten der Indianer.

TEIL 4

DAS ALTE UND DAS NEUE

18

DIE UNGESCHRIEBENEN GESETZE DER APACHEN

GERICHTSVERFAHREN

Wenn einem Indianer durch ein Mitglied seines Stammes Unrecht angetan worden war, und er die Angelegenheit nicht selbst bereinigen wollte, konnte er beim Häuptling Klage führen. Falls er nicht in der Lage ist, dem Missetäter in einem persönlichen Kampf zu begegnen, und eine Klage verschmäht, kann jeder andere an seiner Stelle den Häuptling über die Situation in Kenntnis setzen. Das zieht dann zwangsläufig eine Untersuchung oder eine Gerichtsverhandlung nach sich. Sowohl der Ankläger als auch der Angeklagte werden zu Zeugen erhoben und können ihre Zeugenaussagen machen, ohne auf irgendeine Weise durch Zwischenfragen unterbrochen zu werden, und sie sagen ganz einfach, was sie zu der Sache sagen wollen. Die Zeugen werden nicht verteidigt, denn niemand glaubt, daß sie in einer Angelegenheit, die ihr eigenes Volk angeht, ein falsches Zeugnis ablegen.

Der Stammeshäuptling führt bei diesen Gerichtsverfahren den Vorsitz. Bei schwerwiegenden Vergehen bittet er zwei oder drei Führer um Beisitz. Diese entscheiden einstimmig, ob der Mann schuldig ist oder nicht. Kommt es zu einem Freispruch, ist die Sache damit erledigt und die klagende Partei hat ihr Recht auf persönliche Rache verwirkt. Denn falls sie selbst Rache nehmen will, muß sie zuerst Einspruch erheben, dem das Gericht aber nicht stattgeben würde. Wird ein Schuldspruch verhängt, setzt die geschädigte Partei das Strafmaß fest, das im allgemeinen vom Häuptling und seinen Beisitzern bestätigt wird.

DIE ADOPTION VON KINDERN

Wenn Kinder durch die Folgen eines Krieges oder sonstwie zu Waisen werden, d.h. wenn beide Elternteile tot sind, kann sie der Stammeshäuptling adoptieren oder weggeben, je nachdem wie er es für richtig hält. Ausgestoßene Indianer können ihre Kinder mit sich nehmen, wenn sie das wollen. Falls sie die Kinder beim Stamm lassen, entscheidet wiederum der Häuptling, was mit ihnen geschehen soll. Auf alle Fälle haftet diesen Kindern keine Schande an.

DER "SALZSEE"

Wir gewannen unser Salz aus einem kleinen See in den Gila Bergen. Es ist ein kleiner See mit klarem, seichtem Wasser, aus dessen Mitte ein kleiner Erdhügel heraus ragt. Das Wasser ist so salzig, daß man es nicht trinken kann und den Seegrund bedeckt eine braune Kruste. Wenn man diese Kruste aufbricht, kleben Salzbrocken an ihr. Diese Salzbrocken kann man im Wasser dieses Sees sauber waschen, aber in jedem anderen Wasser lösen sie sich auf.

Wenn unsere Leute diesen See aufsuchten, war es ihnen sogar verboten Wild zu erlegen oder einen Feind anzugreifen. Alle Geschöpfe waren frei und konnten kommen und gehen, ohne belästigt zu werden.

DIE VORBEREITUNG ZUM KRIEGER

Um Krieger werden zu können mußte ein Jugendlicher vier verschiedene Male mit den Kriegern seines Stammes auf den Kriegspfad gegangen sein.

Beim ersten Mal gibt man ihm nur sehr schlechtes Essen. Er muß sich ohne Murren damit zufrieden geben. Auf keinem der vier Unternehmen darf er sich das Essen aussuchen wie die Krieger, sondern muß das essen, was ihm gestattet wird.

Bei all diesen Unternehmungen dient er als Helfer, sorgt für die Pferde, kocht die Mahlzeiten und verrichtet alle Pflichten, die er verrichten soll, ohne daß sie ihm angeschafft werden. Er weiß was alles getan und erledigt werden soll, ohne auf eine Aufforderung dazu zu warten. Er darf keinen Krieger ansprechen, es sei denn zur Beantwortung einer an ihn gerichteten Frage oder wenn er zum Sprechen aufgefordert wird.

Während dieser vier Kriege erwartet man von ihm, daß er die heiligen Namen von allen Dingen lernt, die im Krieg benützt werden, denn sobald der Stamm den Kriegspfad betreten hat, werden keine gewöhnlichen Namen mehr für alle Dinge verwendet, die auf irgendeine Weise zum Krieg gehören. Der Krieg ist eine feierliche, religiöse Angelegenheit.

Wenn nach den vier Unternehmungen alle Krieger mit dem Jungen zufrieden sind, weil er fleißig und umsichtig in allem war, er nicht unaufgefordert gesprochen, Mut in der Schlacht gezeigt, alle Entbehrungen klaglos getragen hat und weder einen Schimmer von Feigheit noch irgendeiner Schwäche zeigte, kann er durch die Stimme des Rates in den Kreis der Krieger aufgenommen werden. Falls aber auch nur ein Krieger Einwände dagegen vorbringt, wird der Anwärter weiteren Prüfungen unterzogen, und wenn er diesen mutig begegnet, kann sein Name wieder vorgeschlagen werden. Wenn er ohne den geringsten Zweifel bewiesen hat, daß er die Entbehrungen ohne Klage auf sich nehmen kann und ihm Furcht fremd ist, wird er zum Rat der Krieger auf dem niedersten Rang zugelassen. Danach gibt es keine vorgeschriebene Probe für die Beförderung, aber durch die allgemeine Zustimmung übernimmt er eine Stellung auf dem Schlachtfeld, und wenn er diesem Rang in Ehren gerecht wird, darf er ihn behalten und kann freiwillig auf Bitte hin eine höhere Stellung einnehmen. Jedoch würde sich kein Krieger erdreisten eine höhere Position einzunehmen, ehe er nicht von den Führern des Stammes die Versicherung hätte, daß seine Führung in der ersten Stellung lobenswert war.

Von diesem Rang an gibt es nur mehr die Wahl zum Häuptling durch eine formelle Ratsversammlung.

Alte Männer dürfen im Krieg keine Führung übernehmen, aber ihr Rat wird immer geachtet. Hohes Alter bedeutet den Verlust von körperlicher Kraft und ist für eine aktive Führungsrolle verhängnisvoll.

TÄNZE

Alle Tänze werden als religiöse Zeremonien betrachtet und von einem Häuptling und von Medizinmännern geleitet. Sie sind sozialer oder kriegerischer Natur, tragen aber immer heilige Züge.

EIN DANKSAGETANZ

Jeden Sommer sammelten wir die Frucht des Yucca, zerkleinerten und pulverisierten sie und formten Kuchen daraus. Dann versammelte sich der Stamm zu einem Fest, um zu singen und Usen zu preisen. Alle sprachen Dankgebete. Zu Beginn des Tanzes trugen die Führer die Kuchen und ergänzten den gesungenen Grundklang der Musik durch huldigende Worte.

DER KRIEGSTANZ

Nachdem die Versammlung der Krieger beratschlagt und sich für den Kriegspfad vorbereitet hatte, begann der Tanz. Zu diesem Tanz gehört der übliche Gesang der Krieger und das begleitende Schlagen der "Esadadene", aber dieser Tanz ist wilder, und Gellen und Kriegsschreie übertönen manchmal fast die Musik. Nur Krieger nahmen an diesem Tanz teil.

DER SKALPTANZ

Nachdem eine Kriegsschar zurückgekehrt ist, wird eine Abwandlung des Kriegstanzes aufgeführt. Die Krieger, die Skalps von der Schlacht mitgebracht haben, zeigen diese dem Stamm und spießen sie, wenn der Tanz beginnt, auf Stangen oder Speere und tragen sie um die Lagerfeuer, während der Tanz weitergeht. Der Tanz hat noch etwas von der Feierlichkeit des Kriegstanzes an sich. Es werden Kriegsschreie und gellende Laute ausgestoßen, häufig begleitet von abgefeuerten Schüssen, aber es herrscht eine größere Ausgelassenheit, als bei einem Kriegstanz zugelassen würde. Nach Beendigung des Skalptanzes werden die Skalps weggeworfen. Kein Apache würde sie behalten, denn sie gelten als befleckend.

EIN GESELLSCHAFTLICHER TANZ

Anfangs September des Jahres 1905 gab ich den Apachen bekannt, daß meine Tochter Eva, die die Reife einer Frau erreicht hatte, nun ihre Kindersachen ablegen und die Stellung einer jungen Frau einnehmen würde. Bei einem Stammestanz würde sie ihren ersten Auftritt in der Gesellschaft haben und dabei oder danach war es einem Krieger freigestellt um ihre Hand anzuhalten. Demgemäß ergingen Einladungen an alle Apachen und viele Comanchen und Kiowas, sich in der ersten Vollmondnacht im September zu einem großen Tanz auf der Grünfläche am Südufer des Medicine Creek, in der Nähe des Dorfes von Naiche, dem früheren Häuptling der Chokonen-Apachen einzufinden. Die Festlichkeit sollte zwei Tage und zwei Nächte dauern. Bei den Vorbereitungen wurde an alles gedacht, was zur Unterhaltung der Gäste beitrug und zur Befolgung des religiösen Ritus gehörte, damit er vollkommen gelang.

Zur Durchführung des Tanzes wurde eine kreisförmige Stelle im Gras ganz kurz gemäht.

Der Gesang wurde von Häuptling Naiche geführt und ich leitete, unterstützt von unserem Medizinmann, den Tanz.

Zuerst trat Eva aus dem Kreis der Frauen hervor und tanzte einmal um das Lagerfeuer. Dann trat sie in Begleitung einer anderen jungen Frau wieder vor, und beide tanzten zweimal um das Lagerfeuer. Danach trat sie mit zwei jungen Frauen vor und tanzte dreimal um das Feuer. Daraufhin tanzte sie mit drei anderen Frauen viermal um das Feuer. Diese Zeremonie dauerte ungefähr eine Stunde. Als nächstes traten die Medizinmänner mit entblößten Oberkörpern in den Kreis und tanzten die heiligen Tänze. Auf sie folgten Clowntänzer, die die Zuschauer großartig unterhielten.

Dann ergriffen sich die Stammesmitglieder bei den Händen und tanzten lange in einem Kreis um das Lagerfeuer. Alle Freunde des Stammes wurden gebeten an diesem Tanz teilzunehmen und als er zu Ende war, zogen sich viele der Älteren zurück und der "Tanz der Liebenden" begann.

Die Krieger standen in der Mitte des Kreises und die Frauen tanzten paarweise auf sie zu und bestimmten einige Krieger, mit ihnen zu tanzen. Der Tanz ging von der Kreismitte zum Rand des Kreises und dann zurück. Der Krieger stand dabei den beiden Frauen gegenüber und wenn sie vorwärts zur Mitte tanzten, tanzte er rückwärts. Dann tanzten die beiden rückwärts zum Kreisrand, und er folgte ihnen mit zugewandtem Gesicht. Das ging zwei oder drei Stunden so und dann wechselte die Musik. Sofort traten die Krieger wieder in der Mitte zusammen und diesmal suchte sich jede Frau einen Krieger als Partner aus. Der Tanz ging genauso weiter wie zuvor, nur daß jetzt zwei statt drei zusammentanzten. Im Verlauf dieses Tanzes, der bis zum Tagesanbruch dauerte, konnte der Krieger (falls er mit einer Frau tanzte) die Heirat vorschlagen und wenn die Frau zustimmte, besprach er sich bald darauf mit ihrem Vater, um mit ihm handelseinig zu werden.*

Bei allen solchen Anlässen gab jeder Krieger nach dem Tanz der Frau, die ihn zum Partner gewählt und mit ihm getanzt hatte, ein Geschenk. Wenn sie mit dem Geschenk zufrieden ist, verabschiedet er sich, falls sie sich mit der Gabe nicht begnügt, wendet man sich mit der Angelegenheit an eine Autorität (den Medizinmann oder Häuptling), die entscheidet, was ein angemessenes Geschenk ist.

Für eine verheiratete Frau sollte der Wert des Geschenks zwei oder drei Dollar betragen, für eine ledige sollte das Geschenk mindestens fünf Dollar wert sein. Des öfteren erhält ein lediges Mädchen jedoch ein viel wertvolleres Geschenk.

Während des "Tanzes der Liebenden" mischt sich der Medizinmann unter die Tanzenden, um böse Geister fernzuhalten.

Vielleicht wird es für mich nie mehr einen Anlaß geben, meine Leute zu einem Tanz zusammenzurufen, aber diese Gesellschaftstänze im Mondlicht nahmen in der Vergangenheit einen wichtigen Platz bei unseren Vergnügungen ein, und ich glaube, daß sie nicht so bald eingestellt werden, wenigstens hoffe ich das.

* Die Apachekrieger machen einer Frau nicht den Hof wie unsere Jugendlichen es tun. Die Dorfgemeinschaften bieten reichlich Gelegenheit für Bekanntschaften und die Hochzeitsvorbereitungen werden als Geschäftsvorgang betrachtet. Jedoch gilt die Absprache mit der Braut als sehr höfliche Geste, wenn sie auch nicht notwendig ist.

19

AUF DER WELTAUSSTELLUNG

Als ich zum ersten Mal gebeten wurde, die Weltausstellung in St. Louis zu besuchen, wollte ich nicht hingehen. Später, als mir genügend Beachtung und Schutz zugesichert wurde und der Präsident der Vereinigten Staaten sagte, daß alles in Ordnung wäre, sagte ich zu. Ich wurde von Gruppen im Auftrag des Indian Department beaufsichtigt, die die Erlaubnis hierfür vom Präsidenten erhalten hatten. Ich hielt mich sechs Monate in St. Louis auf. Ich verkaufte meine Fotografien für 25 Cents und durfte 10 Cents für mich behalten. Außerdem gab ich Autogramme für zehn, fünfzehn oder fünfundzwanzig Cents, je nachdem, und behielt dieses Geld ganz für mich. Oft verdiente ich zwei Dollar am Tag und als ich zurückkehrte, hatte ich eine Menge Geld, mehr als ich je zuvor besessen hatte.

Viele Leute in St. Louis luden mich zu sich nach Hause ein, aber meine Aufseher schlugen jedesmal ab.

An jedem Sonntag ließ mich der Präsident der Weltausstellung kommen, um an einer Wildwestschau teilzunehmen. Ich machte bei den Lassowettbewerben vor Zuschauern mit. Es waren viele andere Indianerstämme da und fremde Leute, von denen ich noch nie gehört hatte.

Wenn Leute die Weltausstellung besuchten, machten sie zuerst nichts anderes, als die Straßen hinauf- und herunterzuspazieren. Wenn sie davon genug hatten, besuchten sie die Shows. In diesen Shows gab es viele seltsame Dinge. Die Regierung ließ mich von Wächtern begleiten und ich durfte ohne sie nirgendwo hingehen.

In einer der Shows waren seltsame Männer mit roten Kappen und sonderbaren Schwertern, mit denen sie anscheinend kämpfen wollten.* Schließlich sagte ihnen der Manager, sie dürften gegeneinander kämpfen. Sie versuchten sich gegenseitig mit den Schwertern am Kopf zu treffen und ich dachte, daß beide verwundet oder sogar getötet würden, aber keiner kam zu Schaden. Sie wären in einem Nahkampf harte Gegner und nur schwer zu töten.

In einer anderen Show trat ein merkwürdig aussehender Neger auf. Der Manager fesselte seine Hände und band ihn dann an einem Stuhl fest. Der Mann war fest verschnürt, denn ich überprüfte das selbst. Ich hielt es für unmöglich, daß er freikommen könnte. Dann sagte ihm der Manager, er solle sich befreien.

Er wand sich einen Augenblick lang auf seinem Stuhl und stand dann einfach auf. Die Stricke waren zwar noch zugebunden, aber er war frei. Ich verstand nicht, wie er das machte. Es handelte sich bestimmt um eine Wunderkraft, denn kein Mensch hätte sich aus eigener Kraft aus dieser Lage befreien können.

Auf einem anderen Platz sprach ein Mann auf einer Bühne zum Publikum. Man stellte einen Korb auf die Bühne und deckte ihn mit rotem Kattun zu. Dann kam eine Frau und stieg in den Korb und ein Mann verhüllte ihn wieder mit dem Stoff. Daraufhin nahm der Mann, der zum Publikum gesprochen hatte, ein langes Schwert und durchbohrte damit den Korb von allen Seiten und am Schluß von oben durch die Stoffdecke hindurch. Ich hörte, wie das Schwert in den Körper der Frau eindrang und der Manager sagte selbst, daß sie tot sei. Aber als das Tuch hochgehoben wurde, stieg sie aus dem Korb, lächelte und ging von der Bühne. Ich würde gerne wissen, wie sie so schnell geheilt wurde und warum sie die Wunden nicht töteten.

Ich habe Bären nie für sehr gescheit gehalten, außer in ihren wilden Gewohnheiten, aber ich hatte noch nie einen weißen Bären gesehen. In einer der Darbietungen hatte ein Mann einen weissen Bären, der genauso klug wie ein Mensch war. Er konnte alles

* Türken.

tun, was man ihm anschaffte: einen Balken auf seine Schultern tragen genauso wie es ein Mann tun würde, und als man es ihm sagte, legte er ihn wieder auf den Boden. Er machte noch viele andere Sachen und schien genau zu verstehen, was sein Wärter zu ihm sagte. Ich bin sicher, daß man einem Grizzlybären diese Dinge nicht beibringen könnte.

Einmal nahmen mich meine Wächter mit in ein kleines Haus, das vier Fenster hatte.* Als wir uns gesetzt hatten, begann sich das kleine Haus über den Boden zu bewegen. Dann lenkten meine Wächter meine Aufmerksamkeit auf einige seltsame Dinge, die sie in ihren Taschen hatten. Schließlich sagten sie zu mir, ich solle hinausschauen und als ich das tat, erschrak ich, denn unser kleines Haus hatte sich hoch in die Lüfte erhoben, und die Leute unten auf der Weltausstellung waren so klein wie Ameisen. Die Männer lachten mich wegen meines Schreckens aus. Dann gaben sie mir ein Glas zum durchschauen (ich hatte solche Gläser oft, die ich mir von toten Offizieren nach Schlachten in Mexiko und anderswo nahm), und ich konnte Flüsse, Seen und Berge sehen. Ich war jedoch noch nie so hoch in der Luft gewesen und versuchte, in den Himmel zu schauen. Es gab keine Sterne, auch konnte ich mit dem Glas nicht in die Sonne schauen, weil sie mich blendete. Schließlich senkte ich das Glas wieder, und da sie alle über mich lachten, fing ich auch zu lachen an. Dann sagten sie: "Gehe raus!", und als ich schaute, waren wir wieder auf der Straße. Nachdem wir wieder sicher auf dem Boden waren, schaute ich vielen dieser kleinen Häuser zu, wie sie hinaufstiegen und wieder herunterkamen. Ich kann aber nicht verstehen, wie sie sich fortbewegen. Es sind sehr eigenartige kleine Häuser.

Ein anderes Mal besuchten wir eine Show, in der es Nacht wurde, sobald wir eingetreten waren. Es war wirklich Nacht, denn ich konnte die feuchte Luft fühlen. Dann begann es zu donnern und Blitze zuckten. Auch da handelte es sich um wirkliche Blitze, denn sie zuckten genau über unseren Köpfen. Ich sprang zur Seite und wollte wegrennen, aber ich wußte nicht, in welche Richtung ich gehen sollte um hinauszukommen. Die Wächter bedeuteten mir ruhig zu bleiben, und so blieb ich eben. Vor uns waren einige seltsame, kleine Leute, die auf die Bühne herauskamen. Als ich wieder nach oben blickte, hatten sich alle Wolken verzogen und

* Riesenrad.

ich konnte Sterne scheinen sehen. Die kleinen Leute auf der Bühne schienen nichts was sie taten ernst zu meinen, deswegen lachte ich nur über sie. Die ganzen Leute um uns herum schienen über mich zu lachen.

Wir gingen an einen anderen Ort und der Manager dort nahm uns mit in einen kleinen Raum, der wie ein Käfig gebaut war. Dann schien sich alles um uns herum zu drehen. Bald war der Himmel blau, dann wieder zogen schwarze Wolken im Wind. Gleich darauf war es draußen wieder klar, worauf wir einige dünne, weisse Wolken sahen, die aufquollen und dann regnete und hagelte es, begleitet von Donner und Blitz. Das Donnern verrollte und in der Ferne erschien ein Regenbogen. Danach wurde es Nacht, der Mond stieg auf und Tausende von Sternen leuchteten auf. Schließlich kam die Sonne hervor und wir gingen wieder aus dem kleinen Raum. Diese Show war gut, aber so seltsam und unnatürlich, daß ich froh war, wieder auf der Straße zu stehen.

Wir gingen auch an einen Ort, wo Glaswaren hergestellt wurden. Ich hatte immer geglaubt, diese Dinge würden von Hand gemacht werden, aber das stimmt nicht. Der Mann hatte ein merkwürdiges kleines Instrument, und immer wenn er damit in eine helle Flamme blies, nahm das Glas jede gewünschte Form an. Ich bin mir zwar nicht sicher, aber ich denke, ich könnte mit diesem Instrument herstellen, was immer ich wollte. Es scheint ein Zauber in ihm zu liegen. Aber vermutlich sind diese kleinen Instrumente sehr schwer zu bekommen, sonst würden die Leute sie ja besitzen. Die Besucher der Show kauften die Dinge, die der Mann machte, so begierig, daß er den ganzen Tag über zu beschäftigt war, um sich hinsetzen zu können. Ich kaufte viele eigenartige Dinge dort und brachte sie mit zu mir nach Hause.

Am Ende einer der Straßen kletterten die Leute über eine Plattform in ein klobiges Kanu und rutschten darin hinunter ins Wasser.* Es gefiel ihnen anscheinend. Mir sah es aber zu wild aus. Falls eines dieser Kanus aus seiner Bahn gegangen wäre, wären die Leute sicherlich verletzt oder getötet worden.

Es gab ein paar kleine braune Menschen auf der Ausstellung, die die U.S. Truppen kürzlich auf irgendwelchen weit entfernten Inseln gefangengenommen hatten.**

Sie hatten nicht viel an und ich finde, daß man ihnen nicht er-

* Wasserrutschbahn.

lauben hätte sollen, auf die Weltausstellung zu kommen. Sie selber schienen es aber nicht besser zu wissen. Sie hatten einige kleine Blechplatten, auf denen sie versuchten Musik zu machen. Ich hielt das aber nicht für Musik. Es war nur ein Rattern. Jedoch tanzten sie zu diesem Lärm und dachten anscheinend, sie machten eine gute Show.

Ich weiß nicht, inwieweit der Bericht stimmt, aber ich hörte, daß der Präsident sie auf die Weltausstellung schickte, damit sie gutes Benehmen lernen konnten, um nach ihrer Rückkehr ihrem Volk beizubringen, wie man sich anzieht und benimmt.

Ich bin froh, daß ich die Weltausstellung besuchte. Ich sah viele interessante Dinge und lernte viel über die Weißen. Sie sind ein sehr freundliches und friedfertiges Volk. Die ganze Zeit über, während ich auf der Ausstellung war, versuchte mir niemand auf irgendeine Weise Leid anzutun. Hätte sie bei den Mexikanern stattgefunden, wäre ich bestimmt oft gezwungen gewesen, mich zu verteidigen.

Ich wünschte, alle meine Leute hätten die Weltausstellung besuchen können.***

** Igoroten von den Philippinen.

*** Geronimo wurde auch auf die Omaha und die Buffalo Ausstellungen mitgenommen, aber während diesem Abschnitt in seinem Leben war er abweisend und zeigte kein Interesse. Die St. Louis Ausstellung fand statt, nachdem er zum Christentum übergetreten war und er angefangen hatte, unsere Kultur zu verstehen zu versuchen.

20

DIE RELIGION

Unsere primitive Gottesverehrung betrachtete nur unsere Beziehung zu Usen und zu unseren Stammesangehörigen als Teil unserer religiösen Verantwortungen. Über unser zukünftiges Sein sagten die Lehren unseres Stammes nichts bestimmtes aus, d. h. wir hatten keine genaue Vorstellung davon, wie unsere Beziehungen und Umwelt im Leben nach dem Tode aussahen. Wir glaubten an ein Leben nach diesem Leben, aber niemand hat mir jemals gesagt, welcher Teil des Menschen nach dem Tod weiterlebt. Ich habe viele Menschen sterben sehen. Ich habe viele verfaulte Menschenleichen gesehen, aber nie den Teil, der der Geist genannt wird. Ich weiß nicht, was das ist, und kann diese Seite des Christentums bis jetzt auch nicht verstehen.

Wir glaubten, daß die Erfüllung der eigenen Pflicht das zukünftige Leben für einen angenehmer machen würde, aber ob dieses andere Leben besser oder schlechter ist als dieses, das wußten wir nicht, und das konnte uns auch niemand sagen. Wir hofften, daß die Familienbande und Stammesbeziehungen in einem künftigen Leben weitergeführt würden. Irgendwie glaubten wir daran, jedoch wir wußten es nicht mit Bestimmtheit.

Als ich auf dem San Carlos Reservat lebte, erzählte mir einmal ein Indianer, daß er bewußtlos auf einem Schlachtfeld liegend wirklich tot gewesen sei und das Geisterland betrat.

Zuerst kam er zu einem Maulbeerbaum, der aus einer Erdhöhle wuchs. Vor der Höhle stand ein Wächter, aber als der Indianer ohne Furcht näherkam, ließ ihn der Wächter durch. Er stieg in die Höhle hinab und nach einer kurzen Strecke weitete sich der Pfad und endete auf einem senkrechten Felsen, der viele Hundert Fuß breit und genauso hoch war. Es gab fast kein Licht, aber als er unmittelbar nach unten spähte, entdeckte er eine Sandsäule, die aus der Tiefe bis knapp 20 Fuß unterhalb der Felsenspitze ragte, wo er stand. Sich an einem Busch festhaltend schwang er sich vom Felsrand, ließ sich auf den Sand fallen und glitt an dessen steilen Seite schnell hinunter in die Dunkelheit. Er landete in einem engen Durchgang, der genau westwärts durch einen Canyon verlief, der allmählich immer heller wurde bis der Mann so deutlich sehen konnte wie am Tag. Aber es war keine Sonne da. Schließlich kam er zu einem Abschnitt des Durchgangs, der ein kurzes Stück lang breiter war, sich jäh stark verengte und als schmaler Pfad weiterführte. Genau dort, wo die Engstelle sich befand, lagen zwei riesige Schlangen zusammengerollt, und als er sich näherte, erhoben sie ihre Köpfe und zischten ihn an. Aber er zeigte keine Furcht und sobald er nahe heran war, zogen sie sich lautlos zurück und ließen ihn vorbei. An der nächsten Stelle, wo sich der Durchgang zu einem weiten Abschnitt öffnete, standen zwei Grizzlybären, bereit ihn anzugreifen. Als er jedoch herankam und zu ihnen sprach, traten sie auf die Seite und er ging unbeschadet vorbei. Er folgte dem engen Durchgang weiter und als sich dieser zum dritten Mal weitete, duckten sich zwei Pumas auf seinem Weg, bereit zum Sprung. Aber auch sie zogen sich zurück als er ihnen ohne Furcht begegnete und zu ihnen sprach. Wieder betrat er die schmale Wegstrecke. Einige Zeit lang folgte er ihr und gelangte in einen vierten Abschnitt, hinter dem er nichts sehen konnte. Die nachfolgenden Felswände dieses Teils prallten in regelmäßigen Abständen mit ohrenbetäubendem Lärm zusammen, aber als er sie erreichte, standen sie getrennt bis er hindurch war. Danach hatte es den Anschein als befinde er sich in einem Wald und nachdem er den natürlichen Pfaden gefolgt war, die sich westwärts durch die Berge wanden, kam er bald in ein grünes Tal, in dem viele Indianer lagerten und wo es viel Wild gab. Er erzählte, daß er viele sah und erkannte, die er in diesem Leben gekannt hatte, und daß es ihm leid tat, als er wieder zu sich kam.

Ich sagte ihm, wenn ich wüßte, daß das wahr ist, würde ich keinen Tag mehr leben, sondern irgendwie sterben wollen, und sei es durch meine eigenen Hände, um diese Freuden zu genießen. Ich selbst lag schon bewußtlos auf dem Schlachtfeld und hatte einige seltsame Gedanken und Erfahrungen in diesem Zustand. Sie sind jedoch sehr verschwommen und ich kann sie nicht gut genug erinnern, um sie wiedergeben zu können. Viele Indianer glaubten diesem Krieger und ich kann nicht sagen, daß er nicht die Wahrheit sprach. Ich wünschte ich wüßte, daß das, was er sagte, ganz ohne Frage wahr ist. Aber vielleicht ist es ganz gut, daß wir nicht sicher sind.

Seitdem ich als Gefangener lebe, habe ich die Lehren der Religion des weißen Mannes gehört und ich halte sie in vielerlei Hinsicht für besser als die Religion meiner Väter. Aber ich habe immer gebetet und ich glaube, daß mich der Allmächtige immer beschützt hat.

In dem Glauben, daß die Weisheit es gutheißt, zur Kirche zu gehen, und daß die Vereinigung mit den Christen meinen Charakter bessern würde, habe ich den christlichen Glauben angenommen.* Ich glaube, daß mir die Kirche in der kurzen Zeit, in der ich ihr Mitglied bin, viel geholfen hat. Ich schäme mich nicht, ein Christ zu sein, und ich bin froh, zu wissen, daß der Präsident der Vereinigten Staaten ein Christ ist, denn ohne die Hilfe des Allmächtigen könnte er meiner Ansicht nach nicht so viele Leute richtig regieren. Ich habe allen meinen Leuten, die keine Christen sind, den Rat gegeben, diese Religion zu studieren, weil sie mir die beste Religion zu sein scheint, die einen befähigt, richtig zu leben.

* Geronimo trat der Dutch Reformed Church bei und wurde im Sommer des Jahres 1903 getauft. Er besucht regelmäßig die Gottesdienste der Apache Mission auf dem Ft. Sill Military Reservat.

21

HOFFNUNGEN FÜR DIE ZUKUNFT

Ich bin dankbar dafür, daß mir der Präsident der Vereinigten Staaten erlaubt hat, meine Geschichte zu erzählen. Ich hoffe, daß er und seine Untergebenen meine Geschichte lesen und darüber urteilen werden, ob mein Volk gerecht behandelt worden ist.

Eine große Frage steht zwischen den Apachen und der Regierung. 25 Jahre lang werden wir nun schon als Kriegsgefangene gehalten auf Grund eines Vertrags zwischen General Miles, als Unterzeichner für die U.S. Regierung, und mir, als Vertreter der Apachen. Dieser Vertrag ist von der Regierung nicht zu allen Zeiten genügend beachtet worden, obwohl er gegenwärtig von ihrer Seite aus besser erfüllt wird als zuvor. In diesem Vertrag mit General Miles erklärten wir uns damit einverstanden, zu einem Ort außerhalb von Arizona zu gehen und die Lebensart der Weißen zu erlernen. Ich glaube, daß mein Volk jetzt fähig ist, in Übereinstimmung mit den Gesetzen der Vereinigten Staaten zu leben, und wir würden natürlich gern die Freiheit in Anspruch nehmen, in das Land zurückzukehren, das durch göttliches Recht das unsere ist. Wir haben zahlenmäßig abgenommen und gelernt, wie man den Boden bestellt, deshalb würden wir nicht so viel Land fordern, wie früher für uns nötig war. Wir bitten nicht um das ganze Land, das uns der Allmächtige am Anfang gab, sondern nur um so viel, wie wir zum bestellen brauchen; überschüssiges Land würden wir gern den Weißen zum Bebauen überlassen.

Wir leben nun auf Gebiet der Comanchen und Kiowas, das uns zugeteilt wurde und das unseren Bedürfnissen nicht gerecht wird. Diese Gebiete und das Klima hier sind auf die Indianer abgestimmt, die ursprünglich hier lebten, das ist klar, aber unser Volk schrumpft hier zusammen und wird weiterhin abnehmen bis es in unsere Heimat zurückkehren darf. Ein solcher Schluß ist unvermeidlich.

Es gibt meiner Meinung nach anderswo keinen solchen Boden und kein derartiges Klima wie in Arizona. Wir hätten reichlich gutes Ackerland, reichlich Gras und Bäume und genug Bodenschätze in dem Land, das der Allmächtige für die Apachen schuf. Es ist mein Land, meine Heimat, das Land meiner Väter in das ich nun bitte zurückkehren zu dürfen. Ich will meine letzten Tage dort verbringen und in diesen Bergen begraben werden. Wenn dies möglich wäre, könnte ich in Frieden und in der Gewißheit sterben, daß mein Volk, zurückgekehrt in seine Heimat, eher wieder wachsen würde, anstatt sich zu verringern, wie es das gegenwärtig tut, und daß unser Name nicht erlöschen würde.

Ich weiß, daß mein Volk in diesem Berggebiet des Gila Flußoberlaufs in Frieden leben und dem Willen des Präsidenten entsprechend handeln würde. Es würde gedeihen und glücklich sein, den Boden zu bebauen und die Zivilisation der Weißen zu erlernen, die es jetzt achtet. Könnte ich aber das erreicht sehen, ich glaube, ich würde alles Unrecht vergessen, das mir jemals angetan wurde und als zufriedener und glücklicher alter Mann sterben. Aber wir selbst können in dieser Sache nichts tun. Wir müssen warten, bis die zuständigen Leute sich entschließen zu handeln. Falls ich dies nicht mehr erleben sollte und in Gefangenschaft sterben muß, so hoffe ich, daß dem Rest des Apachenstamms nach meinem Tod das einzige Vorrecht gewährt wird um das sie bitten und nach Arizona zurückkehren dürfen.

ANHANG

GERONIMOS KAPITULATION

Am 11. Februar 1887 faßte der Senat folgenden Beschluß:

"Es wurde beschlossen, daß das Kriegsministerium angewiesen wird, dem Senat alle Berichte von General Miles die Kapitulation Geronimos betreffend, ebenso alle Anweisungen an General Miles und die Korrespondenz mit demselben in derselben Angelegenheit mitzuteilen." Diese Schriftstücke werden in den Exekutiv-Dokumenten des Senats, 2. Sitzung des 49. Kongresses, 1886/87, in Band II, Nos. 111 bis 123 veröffentlicht. Als ausführlicher Bericht der Kapitulationsbedingungen für Geronimo sei dem Leser dieses Dokument empfohlen. Dieser Absatz sei wiedergegeben, um kurz den Wortlaut der Kapitulation zu vermitteln, und um wenigstens teilweise die Aussagen von seiten Geronimos zu bestätigen.

Mit Übernahme des Befehls über die Abteilung von Arizona, wurde General Nelson A. Miles vom Kriegsministerium angewiesen, die energischsten Schritte zur Vernichtung oder Gefangennahme der feindlichen Apachen zu unternehmen.

Die folgenden Auszüge stammen aus Anweisungen, die am 20. April 1886 zur Information und Führung der Truppen ergingen, die im südlichen Teil von Arizona und New Mexico dienten.

"Das vorrangigste Ziel der Truppen ist die Gefangennahme

oder die Vernichtung aller feindlichen Apachenbanden, die in diesem Gebiet des Landes angetroffen werden. Zur Erreichung dieses Ziels werden von allen Offizieren und Soldaten die energischsten und äußersten Anstrengungen gefordert werden müssen."

* * *

"Eine ausreichende Anzahl verläßlicher Indianer soll als Helfer und Fährtensucher benutzt werden, um jedes Anzeichen feindlicher Indianer zu entdecken."

* * *

"Um jeglichen Vorteil auszuschalten, den die Indianer durch einen Pferdewechsel dort haben könnten, wo sich eine Truppe oder ein Überfallkommando in der Nähe von feindlichen Indianern befindet, ist er (General Miles) dazu berechtigt, eine Hälfte absteigen zu lassen und die leichtesten und besten Reiter auszusuchen, um eine Verfolgung durch einen schonungslosen Gewaltmarsch anzuordnen, bis die Kraft aller Pferde seines Kommandos erschöpft ist."

* * *

Die folgenden Telegramme legen die Bemühungen der U.S. Truppen und die Zusammenarbeit mit mexikanischen Truppen unter Gouverneur Torres dar:

"Hauptquartier-Division am Pazifik
Präsidium von San Francisco, Kalifornien
22. Juli, 1886

Generaladjutant,
Washington, D. C.:

Wir erhielten soeben folgendes Telegramm von General Miles:
'Hauptmann Lawton berichtet durch Oberst Royall, der das Kommando in Fort Huachuca innehat, daß sein Stützpunkt Geronimos Lager am Fluß Yongi überraschte, ungefähr 130 Meilen südöstlich von Campas, Sonora, was nahezu 300 Meilen südlich der

mexikanischen Grenze entspricht. Dabei wurden alle Vorräte der Indianer erbeutet, darunter Hunderte von Pfunden getrockneten Fleischs und 19 Reittiere. Dies ist das fünfte Mal innerhalb von drei Monaten, daß die Indianer von den Truppen überrascht wurden. Wenn es auch keine entscheidenden Erfolge gab, so ermutigte es doch die Truppen dazu, die Anzahl und Stärke der Indianer zu verringern, was diesen ein Gefühl der Unsicherheit sogar in den abgelegenen und fast unzugänglichen Bergen von Old Mexico gab.'

In Abwesenheit des Divisionskommandeurs
C.M. McKeever,
stellvertretender Generaladjutant.

* * *

Hauptquartier-Division am Pazifik,
Präsidium von San Franzisko, Kalifornien
19. August 1886

Generaladjutant,
Washington D.C.

Folgendes erhielten wir von General Miles, datiert vom achtzehnten:

'Heutige Depeschen von Governeur Torres, datiert in Hermosillo, Sonora, Mexico von den Obersten Forsyth und Beaumont, Kommandierende des Huachuca- und Bowie- Distrikts, bestätigen das Folgende: Geronimo und vierzig weitere Indianer bemühen sich um einen Friedensvertrag mit der mexikanischen Obrigkeit des Fronteraz-Abschnitts. Einer unserer Kundschafter, der von Lawtons Kommandostelle ins Fort Huachuca zurückkehrte, traf ihn, Naiche und noch dreizehn andere Indianer auf ihrem Weg nach Fronteraz. Er hatte eine längere Unterredung mit ihnen. Sie sagten, daß sie Frieden schließen wollten und sahen erschöpft und hungrig aus. Geronimo trug seinen rechten Arm bandagiert in einer Schlinge. Die hervorragende Arbeit der Truppen zeigt offensichtlich gute Erfolge. Sollte sich der Feind den Mexikanern nicht ergeben, so ist noch Lawtons Kommandostelle südlich von ihnen und Wilder marschiert mit der G- und M- Kompanie der Vierten Kavallerie nach Süden auf Fronteraz zu und wird dort am zwanzigsten ankommen. Leutnant Lockett wird morgen mit einer schlagkräftigen Truppe in guter Stellung stehen, nämlich nahe des Guadelupe Canyons in den Cajon Bonito Bergen. Am 11. hatte ich eine sehr zufriedenstellende Unterredung mit Governeur Torres. Die mexikanischen Behörden arbeiten mit den unseren zusammen.'

"O.O. Howard,
Generalmayor."

* * *

General O.O. Howard telegrafierte vom Präsidium von San Franzisko, Kalifornien am 24. September 1886:

'. . .Am 6. September berichtet General Miles, daß die feindlichen Apachen Anstalten machen wollen sich zu ergeben. Dies trugen sie Leutnant Gatewood für Hauptmann Lawton auf. Sie wünschten bestimmte Bedingungen und schickten mir (Miles) zwei Boten. Es wurde ihnen mitgeteilt, daß sie sich als Kriegsgefangene der Truppen im Feld ergeben mußten. Sie versprachen, sich mir persönlich zu ergeben. 11 Tage lang zog Hauptmann Lawtons Kompanie nordwärts, Geronimo und Naiche bewegten sich parallel dazu und schlugen häufig in ihrer Nähe das Lager auf. . .Am Skeleton Canyon hielten sie an und äußerten den Wunsch mich (Miles) zu sehen, bevor sie sich ergaben.'

Nach Miles' Ankunft berichtet er weiter:

'Geronimo kam von seinem Lager in den Bergen, inmitten der Felsen, herab und war bereit sich zu ergeben. Es wurde ihm mitgeteilt, daß sie sich als Kriegsgefangene ergeben könnten und daß es nicht die Art von Offizieren der Armee war, Feinde zu töten, die ihre Waffen niedergelegt hatten.

'. . .Naiche war wütend und mißtrauisch und befürchtete offensichtlich Verrat. Er wußte, daß der einstmals berühmte Häuptling Mangus-Colorado vor Jahren auf gemeine Art und Weise ermordet worden war, nachdem er sich ergeben hatte, und der letzte erbliche Häuptling der feindlichen Apachen zögerte, sich den Bleichgesichern zu ergeben. . . .'

General Howard fährt in seinem Bericht fort:

'. . .Zuerst glaubte ich auf grund der offiziellen Berichte, daß die Kapitulation bedingungslos war, außer daß die Truppen die Feinde nicht töten sollten. Auf Grund der Depeschen von General

Miles und seinem Jahresbericht, der am einundzwanzigsten sofort mit der Post abgeschickt wurde, sind die Bedingungen jetzt klar: Erstens wird das Leben aller Indianer geschont. Zweitens werden sie nach Fort Marion, Florida, geschickt wo ihr Stamm, einschließlich ihrer Familien schon hinverwiesen wurde . . . .'

* * *

D.S. Stanley, Brigade-General, telegrafierte am 22. Oktober 1886 von San Antonio, Texas, das folgende:

'. . .Geronimo und Naiche wünschten eine Unterredung mit mir, als sie feststellten, daß sie hier zurück bleiben sollten. Im Gespräch erklärte ich ihnen die genaue Verfügung, der sie unterliegen sollten. Sie betrachteten die Trennung von ihren Familien als eine Verletzung des Wortlautes des Kapitulationsvertrages, gemäß dem ihnen auf die ausdrücklichste Art und Weise, die sie sich nur vorstellen könnten, zugesagt worden war, daß sie in Fort Marion mit ihren Familien zusammengebracht werden würden.

Bei dem Gespräch, das sie mit mir führten, waren Major J.G. Wright, Generalstabsarzt der U.S.-Armee, Hauptmann J.G. Balance als Gerichtsadvokat, Georg Wratton, als Übersetzer, Naiche und Geronimo anwesend.*

Die Indianer wurden an diesem Ort von ihren Familien getrennt; Frauen, Kinder und die beiden Kundschafter wurden in einen anderen Wagen gebracht, bevor sie abfuhren.

Bei einer Unterredung mit mir trugen sie mir den folgenden Vorfall vor, welchen sie als einen wesentlichen Bestandteil ihres Kapitulationsvertrages ansehen. Er trug sich im Skeleton Canyon zu, bevor sie sich als Gruppe dazu entschlossen hatten sich zu ergeben und bevor irgendeiner von ihnen, außer vielleicht Geronimo, seine Waffen abgegeben hatte und als sie noch ganz und gar in der Lage waren zu entkommen und sich zu verteidigen.

General Miles sagte zu ihnen: 'Ihr kommt mit mir nach Fort Bowie und nach einer bestimmten Zeit werdet ihr nach Florida gehen und dort eure Verwandten sehen.' Nachdem sie nach Fort Bowie gegangen waren, versicherte er ihnen wiederum, daß sie

* George Wratton ist jetzt Aufsichtsbeamter der Apachen in Fort Hill, Oklahoma. Er befand sich bei den Apachen als Übersetzer und Aufsichtsbeamter, seit ihrer Kapitulation.

ihre Verwandten in Florida innerhalb von vier oder fünf Tagen sehen würden.

Während sie am Skeleton Canyon waren, sagte ihnen General Miles: 'Ich bin gekommen um mit euch zu reden.' Die Unterredung wurde vom Englischen ins Spanische und dann vom Spanischen in Apache und umgekehrt übersetzt. Die Übersetzung vom Englischen ins Spanische wurde von einem Mann mit Namen Nelson ausgeführt, die vom Spanischen in Apache von Jose' Maria Yaskes. José Maria Montoya war auch anwesend, aber er übersetzte nicht.

Dr. Wood, U.S.-Armee und Leutnant Clay, 10. Infanterie waren auch anwesend.

General Miles zog eine Linie auf dem Boden und sagte: 'Dies stellt den Ozean dar,' und indem er einen Stein neben die Linie legte, fuhr er fort: 'Dies stellt den Ort dar, wo die Chihuahua mit ihrer Gruppe sind.' Dann nahm er einen anderen Stein und legte ihn in kurzer Entfernung vom ersten hin: 'Dies stellt dich dar, Geronimo.' Daraufhin hob er einen dritten Stein auf und legte ihn in geringer Entfernung auf den Boden: 'Dies stellt die Indianer im Lager Apache dar. Der Präsident möchte dich zu den Chihuahua bringen lassen.' Er nahm den Stein, der für Geronimo und seine Gruppe stand und legte ihn neben denjenigen, der die Chihuahua in Fort Marion darstellte. Nachdem er dies getan hatte, hob er den Stein auf, der die Indianer im Lager Apache repräsentierte und legte ihn neben die beiden anderen Steine, welche Geronimo und die Chihuahua in Fort Marion darstellten und sagte: 'Das ist es, was der Präsident tun will: euch alle an einem Ort zusammenzuführen.'

Nach ihrer Ankunft in Fort Bowie sagte General Miles zu ihnen: 'Von nun an wollen wir ein neues Leben beginnen.' Er hob eine Hand. Auf der ausgestreckten Handfläche zog er mit den Fingern der anderen Hand Linien und sagte, indem er auf die geöffnete Handfläche deutete: 'Dies stellt die Vergangenheit dar. Sie ist mit Aushöhlungen und Falten übersät.' Als er dann seine andere Handinnenfläche darüber rieb verkündete er weiter: Damit lösche ich die Vergangenheit aus, welche von nun an glatt und vergessen sein soll.'

Wratton, der Übersetzer, sagt, daß er zugegen war und die Unterhaltung mithörte. Die Indianer behaupten, daß auch Hauptmann Thompson von der vierten Kavallerie anwesend war.

Naiche teilte mit, was ihm Hauptmann Thompson, der stellvertretende Generaladjutant des Bezirks Arizona, in seinem Haus in Fort Bowie erzählte. 'Habe keine Angst; euch soll kein Leid zugefügt werden. Du wirst wohlbehalten zu deinen Freunden gehen.' Er meinte auch, 'daß Fort Marion kein sehr großer Ort ist und wahrscheinlich nicht groß genug für alle und daß sie vielleicht in sechs Monaten an einen größeren Ort gebracht würden, wo sie es besser haben würden.' Dasselbe erzählte er ihnen, als sie in ihren Waggons Fort Bowie verließen.

Die Vorstellung, die sie von dem Vertrag bei ihrer Kapitulation hatten und wie sie sie in diesem Brief wiedergeben, wird hiermit auf ihren Wunsch hin weitergeleitet. Obwohl ich nicht beabsichtige eine Bemerkung zu dieser Sache zu machen, fühle ich mich auf Grund meiner Kenntnis des indianischen Charakters und den Erfahrungen, die ich mit Indianern verschiedenster Stammeszugehörigkeit machte und durch die bestätigenden Umstände und Tatsachen, die mir zur Kenntnisnahme in diesem besonderen Falle zugekommen sind, doch gezwungen, meiner Überzeugung Ausdruck zu verleihen, daß die voranstehende Erklärung von Naiche und Geronimo im wesentlichen der Wahrheit entspricht."

Auszug aus dem Jahresbericht (1886) der Division am Pazifik, unter dem Kommando des Generalmajors O.O. Howard, U.S.-Armee.

Division des Hauptquartiers am Pazifik,
Präsidium von San Franzisko, Kalifornien
17. September 1886

Generaladjutant,
U.S.-Armee, Washington, D.C.:

'General: Ich habe die Ehre Ihnen den folgenden Bericht über militärische Operationen und Bedingungen der Division am Pazifik zur Information des Generalleutnants zu unterbreiten und für seine Erwägungen einige Vorschläge machen zu dürfen:

* * *

Am 17. Mai 1885 entkam aus dem White Mountain Reservat in Arizona, eine fünfzigköpfige Gruppe von Chiricahua-Gefangenen angeführt von Geronimo, Naiche und anderen Häuptlingen. Eine Welle von Mordtaten und Raubzügen, die in der Geschichte der indianischen Überfälle ohne Beispiel ist, begann seitdem und bis zu dem Zeitpunkt, als ich das Kommando dieser Division übernahm, wurden sie von Truppen mit wechselndem Erfolg verfolgt.

Nach der Ermordung von Hauptmann Crawfort am 11. Januar durch die Mexikaner baten die Feinde um eine Unterredung. Schließlich wurde am 25., 26. und 27. März im Canyon von Los Embudos, 25 Meilen südlich von San Bernardino, Mexico eine Konferenz mit General Crook abgehalten, auf der am Ende vereinbart wurde, daß sie von Leutnant Manus und seinem Batallion von Kundschaftern nach Fort Bowie, Arizona, geleitet werden sollten.

Der Marsch begann am Morgen des 28. März und wurde bis in die Nacht des 29. fortgesetzt, als Geronimo und Naiche wegen einer möglichen Bestrafung in Angst gerieten und mit 20 Männern, 14 Frauen und 2 Jungen in wilder Flucht auf die Berge zujagten. Leutnant Manus verfolgte sie sofort, aber ohne Erfolg.

* * *

Zur gleichen Zeit, als ich das Kommando über die Division übernahm, wurde Brigade-General Crook von Brigade-General Miles abgelöst, welcher sofort aufbrach, um die Aufgabe zu beenden, welche sein Vorgänger begonnen hatte.

Geronimo und seine Bande begingen Plünderungen einmal in den Vereinigten Staaten, ein ander Mal in Mexico und da sie sich in kleine Grüppchen aufgeteilt hatten, entgingen sie leicht den Truppen und setzten ihre Mord- und Greueltaten fort.

Anfang Mai teilte General Miles das feindliche Operationsfeld in Bezirke ein. In jedem befanden sich Kommandotruppen mit besonderen Anweisungen, z.B. die Wasserstellen zu bewachen, das ganze Gebiet von Spähtrupps kontrollieren zu lassen und den Feinden keine Ruhe zu gönnen.

Eine schlagkräftige Truppe unter Hauptmann Lawton von der vierten Kavallerie wurde für eine längere Verfolgung zusammengestellt.

Am 3. Mai lieferten sich Hauptmann Lebo von der zehnten Kavallerie ein Gefecht mit Geronimos Gruppe, 12 Meilen südwestlich von Santa Cruz in Mexico, wobei ein Soldat getötet und ein weiterer verletzt wurde. Nach diesem Kampf zogen sich die Indianer, verfolgt von drei Kompanien der Kavallerie, nach Süden zurück.

Am 12. Mai endete ein schwerer Kampf mexikanischer Truppen mit den feindlichen Indianern in der Nähe von Planchos, Mexico, mit einer Teilniederlage der Mexikaner.

Am 15. Mai verwickelte Hauptmann Hatfields Kompanie Geronimos Leute in den Corrona Bergen in einen Kampf. Er verlor dabei zwei seiner Leute, drei weitere wurden verwundet. Außerdem war der Verlust mehrerer Pferde und Maultiere zu verzeichnen. Auf Seiten der Indianer wurden mehrere getötet.

Am 16. Mai stieß Leutnant Brown von der vierten Kavallerie nahe Buena Vista, Mexiko, auf die Feinde und erbeutete mehrere Pferde, Gewehre und eine große Anzahl Munition.

Der üblichen Serie von Gewalttaten folgte eine ermüdende Jagd durch die Truppen. Das setzte sich bis zum 21. Juni fort, als die Mexikaner die Feinde ungefähr 40 Meilen südöstlich von Magdalena, Mexiko, angriffen und nach verbissenem Kampf zurückschlugen. . . .

* * *

Um die Mitte des August waren Geronimo und seine Gruppe durch die ermüdende Verfolgung der Soldaten so geschwächt und aufgerieben, daß sie den Mexikanern anboten sich zu ergeben, ohne sich jedoch einigen zu können.

Da der Standort der Indianer mit Sicherheit bestimmt war, trafen die Truppen in aller Eile Vorkehrungen um Geronimo in Zusammenarbeit mit den Mexikanern abzufangen und ihn zur Aufgabe zu zwingen.

Als Geronimo am 25. August in der Nähe von Fronteraz, Mexico, erkannte, daß er so gut wie umzingelt war, ließ er, da ihm auch die Munition und die Lebensmittelvorräte ausgingen, durch Leutnant Gatewood von der sechsten Kavallerie an Hauptmann Lawton übermitteln, daß er zu einer Kapitulation bereit war. Er stellte bestimmte Bedingungen. Es wurde ihm aber mitgeteilt, daß nur seine Kapitulation als Kriegsgefangener akzeptiert werden würde.

Die Indianer begaben sich daraufhin in die Umgebung von Hauptmann Lawtons Kommandostelle nahe dem Skeleton

Canyon und gaben Bescheid, daß sie General Miles zu sehen wünschten.

Am 3. September kam General Miles in Lawtons Lager an. Am 4. ergab sich Naiche, Sohn von Cochise und erblicher Häuptling der Apachen, zusammen mit Geronimo und allen anderen Feinden in der Meinung wie es scheint, daß sie von Arizona weggeschickt würden.

Über die wahre Natur dieser Kapitulation bin ich nicht unterrichtet, sie wurde zuerst als bedingungslos erachtet. . . .

* * *

Ich verbleibe, Sir, mit großer Hochachtung, ihr ergebener Diener,

O.O. Howard,
Generalmajor der U.S.-Armee

Stellungnahme von W. T. Melton

Anadarko, Oklahoma

Ich lebte von 1882 bis 1887 in Südarizona und war Angestellter der Sansimone Cattle Company.

1886 war ich im Skeleton Canyon, ungefähr 10 Meilen nördlich der Grenze zwischen Arizona und Old Mexico mit J. D. Prewitt stationiert. Unsere Aufgabe bestand darin, den Süden unseres Gebietes zu kontrollieren, damit die Rinder der Company nicht nach Old Mexico gerieten.

Eines nachmittags, als wir von unserem Kontrollritt zurückkehrten, entdeckten wir eine Indianerfährte, die auf unser Lager zulief. Wir preschten aus dem Hügelgebiet in ein breites Tal, damit wir angreifende Indianerscharen leichter entdecken konnten und um im Falle eines Angriffs durch die Apachen wenigstens eine Chance zu haben, unser Leben zu verteidigen. Wir wußten, daß sich Geronimos Apachen auf dem Kriegspfad befanden, aber sie waren weit unten in Old Mexico. Unsere Kenntnis der Indianer ließ uns jedoch mit allem und zu jeder Zeit rechnen, um immer auf das Schlimmste vorbereitet zu sein.

Als wir das Tal erreichten, stießen wir auf eine Kavalleriefährte, die ebenfalls auf unser Lager zulief. Das war verblüffend, denn weder die Indianer noch die Soldaten schienen schnell geritten zu sein, und doch führten beide Fährten zu unserem Lager im Skeleton Canyon. Dieser Canyon war eine natürliche Route von Old Mexico nach Arizona, und fast alle Indianerscharen und Trupps der U.S. Armee kamen auf ihrem Weg nach oder von Old Mexico durch dieses Tal. Aber noch nie zuvor waren zwei feindliche Gruppen zur gleichen Zeit und in die gleiche Richtung hier durchgekommen, außer wenn die eine die andere verfolgte. Es war uns rätselhaft, was das bedeuten sollte. Sollte es möglich sein, daß die Soldaten die Indianer übersehen hatten? Oder versuchten die Rothäute die Truppe abzulenken und sie in ihrem Lager anzugreifen? Waren die Soldaten hinter den Indianern her? War es Lawtons Kommando? War es Geronimos Schar? Nein, das war unmöglich. Aber was für Truppen und welche Indianer waren es dann?

Vorsichtig ritten wir zu unserem Lager. An die Tür unserer Hütte war diese Notiz genagelt:

"Achtung! Geronimo ist in der Nähe und hat sich noch nicht ergeben.
Capt. Lawton."

Da begriffen wir.

Unweit unserer Hütte fanden wir das Truppenlager und wir hatten gerade aufgehört uns mit Hauptmann Lawton zu unterhalten, der uns geraten hatte, besser bei ihm im Lager als allein in der Hütte zu bleiben, als der Häuptling, Geronimo, heranritt. Er saß auf einem Falben mit weißen Fesseln und einer Blesse.

Er ging geradewegs zu Hauptmann Lawton und fragte durch einen Dolmetscher, wer wir seien und was wir wollten.

Sobald wir das erklärt hatten, nickte er zustimmend und ritt wieder weg.

Prewitt und ich begleiteten ihn. Wir waren gut bewaffnet und hatten gute Pferde und Geronimos Pferd war ebenfalls gut, aber soviel wir sehen konnten trug er keine Waffe. Ich versuchte mit dem Häuptling auf Englisch zu sprechen, aber ich konnte mich ihm nicht verständlich machen. Prewitt wollte ihn erschießen und meinte, er könne ihn mit dem ersten Schuß leicht erledigen. Aber ich war dagegen und konnte ihn auch zurückhalten.* Während wir uns stritten, ritt der Häuptling schweigend zwischen uns und fühlte sich offensichtlich vollkommen sicher. Die ganze Zeit über ritten wir in Richtung unserer Pferde, die im Tal, ungefähr eine Meile von unserem Pferch entfernt, weideten. Als wir zu einer Stelle etwa eine halbe Meile von Lawtons Lager gelegen kamen, wo ein Bergausläufer weit in das Tal hineinreichte, wandte sich Geronimo zur Seite, salutierte, sagte in gutem Spanisch "Adios, Senors" und Ritt einen Bergpfad hinauf. Später erfuhren wir dann, daß er direkt zu seinem Lager hoch oben in den Felsen ritt. Wir ritten weiter, brachten unsere Pferde zurück in den Pferch und blieben die ganze Nacht über in unserer Hütte ohne von Indianern belästigt zu werden.

Am nächsten Tag töteten wir drei Rinder für die Indianer und Hauptmann Lawton bezahlte sie. Am zweiten Tag kamen zwei berittene mexikanische Kundschafter in Lawtons Lager. Sobald diese Mexikaner in Sicht kamen, ergriffen die Indianer ihre Waffen und verschwanden sozusagen in den Felsen.

Hauptmann Lawton stellte eine Liste von Bedingungen zusammen und übergab diese den Mexikanern, die sich daraufhin zurückzogen. Nachdem sie fort waren und Geronimo ihr Auftrag erklärt worden war, kehrten die Indianer wieder ins Lager zurück und legten ihre Waffen nieder.

Am nächsten Tag erreichte die Kunde das Lager, daß sich General Miles auf dem Herweg befand und die Indianer nahmen sich wieder ihre Waffen und verschwanden zwischen den Felsen. (Viele Apachenfrauen hatten Feldstecher und waren täglich auf günstigen Bergspitzen postiert um Ausschau zu halten.** Niemand konnte sich ihrem oder Lawtons Lager nähern, ohne von diesen

* Vor kurzem erzählte Mr. Melton Geronimo von dieser Auseinandersetzung. Der listige alte Häuptling lachte schüchtern und sagte: "Was, wenn Prewitts Pistole ihm aus der Hand geschlagen worden wäre? Es haben schon andere Männer versucht, mich zu erschießen und zumindest einigen davon ist es nicht gelungen. Aber ich bin trotzdem froh, daß er es nicht versucht hat."

** Diese Feldstecher wurden mexikanischen und amerikanischen Soldaten und Offizieren abgenommen, die die Apachen getötet hatten.

Spähern gesehen zu werden.)

Bald nachdem General Miles zu Lawtons Kommando gestoßen war, kam Geronimo unbewaffnet ins Lager geritten, saß ab und ging auf den General zu. Er schüttelte ihm die Hand und stand dann stolz vor den Offizieren und wartete bis General Miles ihn ansprach.

Der Dolmetscher sagte zu Geronimo: "General Miles ist dein Freund." Geronimo antwortete: "Ich habe ihn nie gesehen, obwohl ich Freunde gebraucht hätte. Warum war er also nicht bei mir?" Als diese Antwort übersetzt wurde, lachten alle. Danach gab es keine weiteren Formalitäten mehr und die Diskussion über den Vertrag begann unverzüglich. Das einzige, an was ich mich genau erinnere, ist, daß Geronimo und seine Bande dem Vertrag nach nicht getötet, sondern zu ihren Familien gebracht werden sollten.

Ich erinnere mich daran deswegen so genau, weil die Indianer über diese eine Vertragszusage so sehr erfreut waren.

Geronimo, Naiche und einige andere Indianer gingen mit General Miles voraus, der Großteil von ihnen brach jedoch unter dem Geleit von Lawtons Truppe auf.

Am Vorabend ihres Aufbruchs gebar eine junge Squaw, Geronimos Schwiegertochter, ein Kind. Am darauffolgenden Morgen trug zwar ihr Mann, Geronimos Sohn, das Kind, aber die Mutter stieg ohne fremde Hilfe aufs Pony und ritt ohne weiteres weg – als Kriegsgefangene mit einer Militäreskorte.

Am Nachmittag des Vertragsabschlusses errichtete Hauptmann Lawton auf der Stelle, an der der Vertrag ausgehandelt wurde, aus Felsbrocken ein Denkmal. Es war etwa zehn Fuß breit und ungefähr sechs Fuß hoch. Im Jahr darauf lagerten einige Cowboys während eines Viehzusammentriebs auf diesem Platz und rissen das Denkmal nieder, um herauszufinden, was sich in ihm befand. Das einzige, was sie fanden, war eine Flasche, die ein Stück Papier enthielt, auf dem die Namen von Lawtons Offizieren standen.

Nachdem die Indianer weg waren, fanden wir 150 Dollar und 25 Cents in mexikanischer Währung versteckt in einem Rattennest nahe des Indianerlagerplatzes.*

Am Morgen nach dem Abzug der Indianer und Soldaten, gegen

* Es handelte sich um ein Reisignest, das von einer Waldrattenart über der Erde angelegt war.

10 Uhr, umstellten 20 Pimos Indianer, in Begleitung eines Weißen, unser Lager und wollten wissen, wo Geronimo verblieben war. Wir berichteten ihnen von dem Vertrag und daraufhin folgten sie der Fährte nach Fort Bowie.

An diesem Nachmittag machte sich mein Partner Prewitt in der Annahme, nun sei alle Gefahr von seiten der Apachen gebannt, zu einem Kontrollritt entlang der Grenze auf, und ich blieb allein im Lager zurück. Ich pumpte gerade mittels meines Pferdes Wasser aus dem Brunnen, als ich drei Indianer ungefähr eine halbe Meile entfernt unsere Pferde zusammentreiben sah. Sie bemerkten mich zwar, kümmerten sich jedoch nicht um mich, und auch ich griff nicht ein. Sobald sie aber die Pferde nordwärts über einen Hügel außer Sichtweite getrieben hatten, ritt ich schnell in eine andere Richtung davon und trieb eine andere Pferdeherde in die Koppel. Den Rest des Nachmittags über blieb ich im Lager, sah aber keine Indianer mehr.

Am nächsten Tag ritten wir über den Hügel, den auch die Indianer passiert hatten und stellten fest, daß sie nur drei Meilen entfernt gelagert hatten. Es waren offensichtlich mehrere gewesen, und sie hatten in der Nähe der Hügelspitze Späher versteckt gehabt, die mich beobachten und aus dem Hinterhalt erschießen sollten, falls ich sie verfolgt hätte. Wir fanden das heraus, weil wir hinter ein paar Felsen auf dem Hügelkamm im weichen Boden die Eindrücke der Körper sahen, die drei Krieger dort hinterlassen hatten, als sie auf der Lauer gelegen hatten.

Wir fanden den Kopf und die Hufe meines Lieblingspferdes "Digger", einem guten kleinen Ponyfuchs. Er hatte ihnen also als Mahlzeit gedient. Obwohl wir ihrer Fährte bis weit nach Old Mexico hinein folgten, holten wir sie nicht ein. Wir hatten uns bei jedem Raub daran gewöhnt gehabt zu sagen, "das war Geronimos Bande". Diesmal waren wir jedoch nicht so sicher.

* * *

Wir wollen nicht unsere eigene Meinung wiedergeben, sondern den Leser, nachdem er die Aussagen der Apachen, Soldaten und Zivilisten, die die Umstände der Kapitulation kannten, gelesen, und nachdem er diese Zeugenberichte aufmerksam studiert hat, fragen, ob man zu dem Schluß kommen kann, daß sich Geronimo bedingungslos ergab.

Ehe man dieses Thema abschließt, sollte man auch die Frage in Betracht ziehen, ob unsere Regierung diese Gefangenen in genauer Übereinstimmung mit den Vertragsbestimmungen vom Skeleton Canyon behandelt hat.

NACHTRAG

Anne Granig-Bojarsky

Geronimo

Frau Granig-Gojarsky stand im Dezember 1975 einmal vor meiner Tür. Sie wollte mehr über Indianer wissen und mir ihre Gedanken mitteilen. Uns verbindet seitdem eine herzliche Freundschaft; wir tauschen Sorgen, Eingemachtes und Literatur. Einmal, ich wollte am nächsten Tag in die USA fliegen, kam sie zum Frühstück vorbei. Sie zeigte mir ein kleines Bild und sagte: "Wenn Sie mit Gewalt in Berührung kommen, dann schaun's dieses Bild an." Das Photo zeigte Geronimo mit seiner Flinte. "Schaun's genau hin!" Ich sah genau hin. "Und jetzt schaun's mich wieder an." Ich sah sie wieder an. "Und jetzt schaun's den Geronimo wieder an." Da sah ich es.

"Wissen Sie was?", sagte sie. "Den Geronimo hat's vor lauter Wut über die Weißen in der Luft zerrissen, und ein Fetzerl is' nach Europa g'flogen, und das bin ich." Ich habe sie gebeten, ein paar Zeilen zu diesem Buch zu schreiben.

Claus Biegert

Warum, so fragt man sich, verehrt man heute diesen indianischen Widerstandskämpfer als Helden? War er nicht ein Feind der

Weißen? Ein Held ist doch ein erstrebenswertes Vorbild. Aus unseren eigenen Reihen war es Rousseau, den man aus ähnlichen Gründen einmal so gefeiert hat. Er erlangte schlagartig Berühmtheit, weil er die Frage "Ist die europäische Zivilisation zu Nutzen oder zum Schaden der Menschheit?" mit einem klaren "zum Schaden" beantwortete.

Es ist die große Tragik unseres Kontinents, daß wir wohl das Rechte erkennen, aber nicht die rechte Tat darauf folgen lassen. Doch mittlerweile bleibt uns keine Wahl mehr. Das Nichtbefolgen des Erkannten bedeutet den Untergang.

Stünde Geronimo heute vor der Frage, "Was sollen wir tun", er würde sicher nicht mehr mit seinem alten Gewehr in den Widerstand gehen; seiner Methode des Guerillakampfes würde es entsprechen, den geistigen, absolut sicheren Keil in die Reihen seiner Feinde = die zivilisierte Welt zu treiben. Mit der Parole "Deine Mitarbeit an dem als Unrecht erkannten".

Der zivilisierten Welt ist es heute selber nicht mehr wohl in dem, was sie geschaffen hat. Vielleicht ist das die einzige Hoffnung...

Anne Granig-Bojarsky